そぼろの

ふわもこ縫いぐるみチャーム

文化出版局

MEMBER

6　眠そうなコアラ

7　スカーフを巻いたくま

8　横顔の白兎

9　ブルーの瞳の仔猫

10　LEMONちゃん

11　STRAWBERRYちゃん

12　MELONちゃん

13　CHICKちゃん

16　PINK! TREE

17　お庭の木

18　チョコねこ

18　モカくま

18　もしゃコアラ

19　ミルクうさぎ

22　くもじぃ

23　FLOWER

24　アトリエの黒猫

25　R

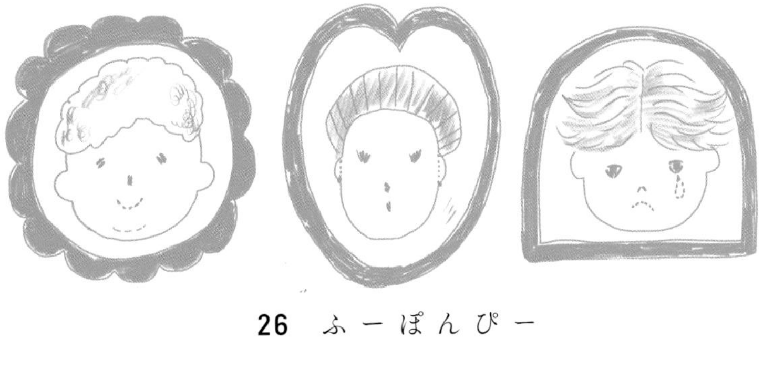

26　ふーぽんぴー

27　秘密をにぎる犬

眠そうなコアラ

ユーカリを食べて満たされたような安心したような、穏やかな寝顔のコアラ。こしらえる時のコツは、しっかり丁寧にわたを詰めていくこと。お好みの手触りに近づけましょう。

作り方p.30

スカーフを巻いたくま

どこからともなく、古き良きカントリーが聴こえてきそうな、そんなくまが仕上がりました。スカーフは、例えば古くなった大切な思い出のお洋服の切れ端でも作れそうですね。 作り方P.38

横顔の白兎

真っ白なウールの兎です。こしらえる時に大事なのは、魅力的な横顔をしっかり頭の中でイメージしてあげることです。ヒゲもお好きな数を生やしてあげましょう。作り方p.40

ブルーの瞳の仔猫

光沢のあるグレーの毛の仔猫。チャームポイントはブルーの目。リボンとは全く違う差し色の目にしましたが、リボンの中の1色と目の色をおそろいにしてもオシャレかもしれません。

作り方p.42

LEMONちゃん

コロンとした形に仕上げました。 わたの詰め方一つでだいぶ印象は変わりそうです。レモンだけど、きっと甘えん坊な性格な気がします。 作り方p.76

STRAWBERRYちゃん

真っ赤なイチゴのチャームポイントは実はヘタの部分。刺しゅう糸をそのまま生やしてあげました。おちょぼ口でおしゃべりするのが大好きなおんなのこ♡ 作り方p.77

MELONちゃん

茎の部分もぜんぶ同じ生地で、まるっとデザインしました。この子はコロンとさせずに平たく仕上げてあります。グリーンの目がチャームポイントです。作り方p.44

CHICKちゃん

ファーに埋もれそうなくらい小さなくちばしがチャームポイント。細かい作業でちょっぴり大変ですが、手の中におさまる小さなかわい子ちゃんの誕生を想像しながら頑張りましょう！

作り方p.46

PINK! TREE

思いっきりPINK！のこの子。色味はもちろん、毛足の長さでもさまざまな表情の子が誕生しそうです。空想の中のTREEでよい、と思うとグンとイメージの幅も広がります。 作り方p.48

お庭の木

こんな木のあるお庭の家で暮らせたら素敵だなぁ……と想像しながらこしらえました。例えばお部屋に置くグリーンの代りに、この子を飾るのもオススメです。作り方p.50

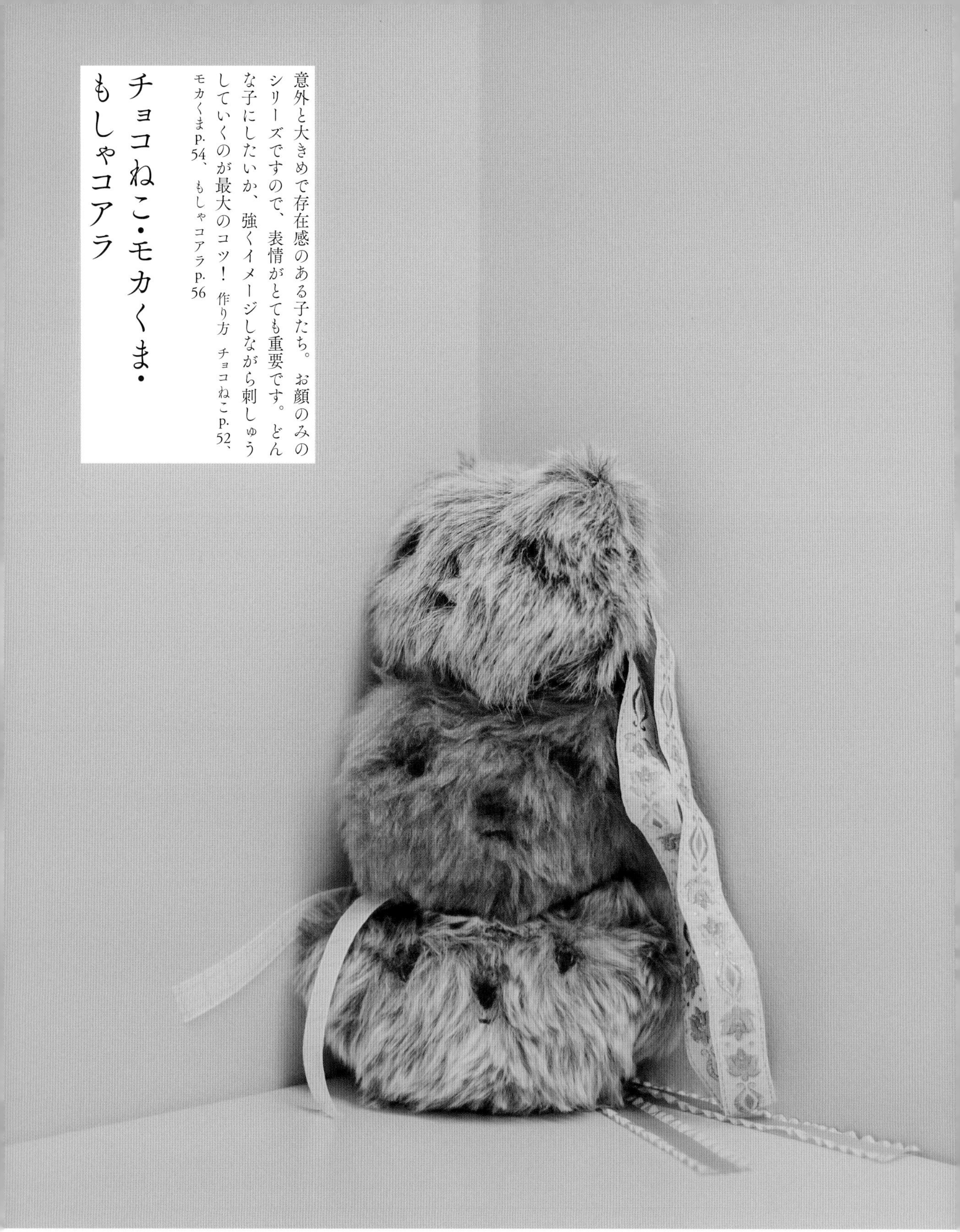

チョコねこ・モカくま・もしゃコアラ

意外と大きめで存在感のある子たち。お顔のみのシリーズですので、表情がとても重要です。どんな子にしたいか、強くイメージしながら刺しゅうしていくのが最大のコツ！

作り方　チョコねこp.52、モカくまp.54、もしゃコアラp.56

ミルクうさぎ

真っ赤な瞳のうさぎです。どこか寂しげ？　ファーを避けながら、目立つ色味の刺しゅう糸で刺していくのはなかなかの山場になりそうですが、出来上りのうれしさも格別なはず。作り方p.58

くもじぃ

毛束感のあるファーでこしらえました。最後に毛足を整える際は、お顔の表情が、ファーの間から見え隠れする程度にカットするのがベスト。少し邪魔なくらいが◎。

作り方P.60

FLOWER

お花の部分と茎の部分の素材を替えて、コントラストをつけてみました。お顔をコットンやリネンにすると、細かな刺しゅうがしやすいかと思います。ぜひカラフルに楽しみたい子です。

作り方p.62

アトリエの黒猫

画家のアトリエにいる黒猫。きっと画家の日常や制作風景をいつもいちばん近くで見ているはず。ヒゲはリネンの糸で。もちろん白やグレーなど、いろいろなヒゲをイメージしてみて。

作り方P.64

R

野うさぎをイメージしました。白うさぎにしてもかわいくなりそうですね。また、刺しゅうをイニシャルや好きな文字に変えても楽しめます。文字とリボンの色が違ってもよさそう！

作り方p.66

ふーぽんぴー

いつも一緒のベストフレンド。金髪のふー、きのこヘアーのぽん、泣き虫のぴー。表情で個性がだいぶ出てきそうです。刺しゅうの前に、好きなイメージをしっかりスケッチしてみて。作り方 ふーp.68、ぽんp.70、ぴーp.72

秘密をにぎる犬

どこか謎の多そうな犬。何かの物語の秘密をにぎっているかも。大人っぽくシックに仕上げました。目の位置とバランスに注意しながらこしらえてみてください。 作り方p.74

HOW TO MAKE

材料と道具

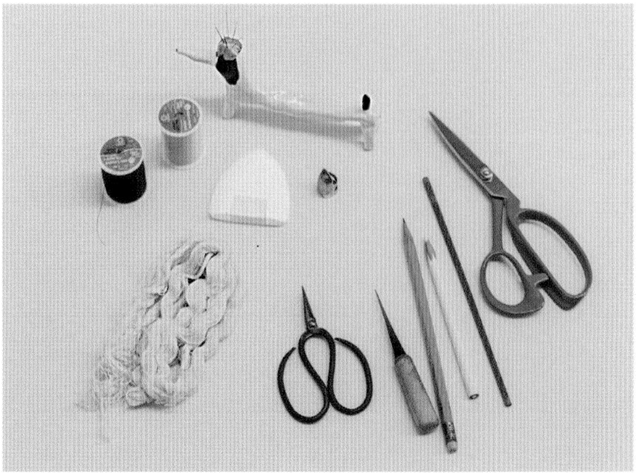

・ウールやモヘアの生地
テディベアなどを作る際に使われるウールやモヘアなど。毛足の長さや巻き毛の種類など、ぜひ楽しみながら選んでみてください。

・フェイクファーやボアなど化繊の生地
・コーデュロイやニット地など
毛足の長さや色味、素材、伸縮性など、作品をイメージして選んでみてください。

・リボン
結んだ時にスルッとほどけないリボンを選ぶのがコツです。本体の生地の色味や質と合わせたり、逆に異質なものを組み合わせたり、楽しみ方はあなた次第です。

・刺しゅう糸
25番刺しゅう糸は顔の刺しゅうに。単独で選んでいくよりも、「この赤鼻にはこの青い目を」といったように、顔のパーツの組合せをイメージするとうまくいきます。ヒゲなどにはリネンの刺しゅう糸を使ったりしても◎。

・手芸わた
本体の中に詰めるわた。ポリエステル、綿、羊毛などいろいろな素材がありますが、ポリエステルわたを使用しています。

・針
おもに、メリケン針32mmくらいの長さのものとフランス刺しゅう針を使っています。刺しゅう針は、刺しゅう糸3本どりが可能な針を選ぶとよいです。

・手縫い糸
本体を縫うための糸。キルト糸を使用しています。

・しつけ糸
パーツを縫い合わせる前に必ずしつけをします。

・チョーク、鉛筆など
型紙を写す際に使用。生地が柔らかかったり、伸縮性があるものだと、パウダー状のチョークが使いやすいです。

・指ぬき
硬い生地を縫う際に使います。

・糸切りばさみ、細工ばさみ（小さなはさみ）
糸を切るのはもちろん、仕上げに余分な毛をカットする時にも活躍します。

・目打ち
表に返す際や、縫い目に巻き込まれた毛足をかき出したりする際に使います。

・裁ちばさみ
小回りのきく小ぶりなものを使っています。

・わたを詰める棒
縫いぐるみ専用の棒がありますが、箸でも代用可能。先が細すぎたり、角があったりすると生地を傷めやすいので注意しましょう。

型紙の写し方

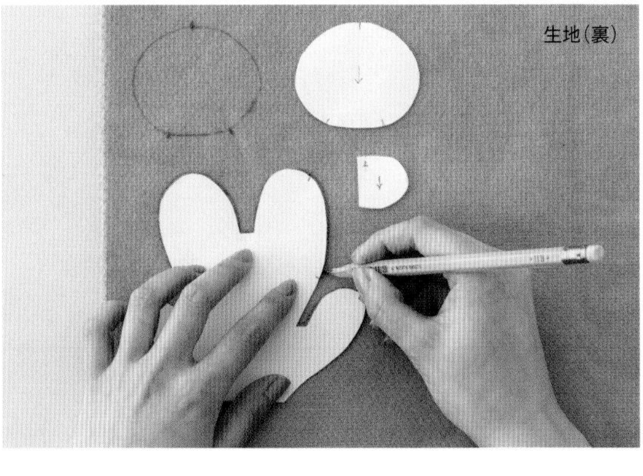

型紙を別の紙に写し取り、生地の裏面にのせる。周囲に縫い代(0.5～0.7cm)がつくので、それを見越して配置する。毛の流れのある生地は方向を間違えないないように注意して、鉛筆で型紙どおりに写す。合い印も書き入れる。

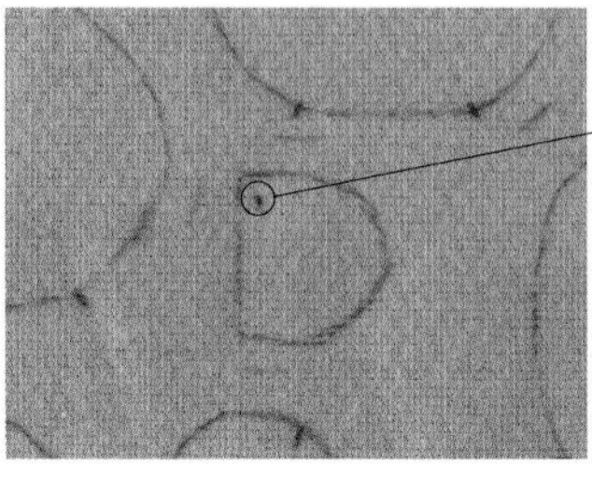

耳のように上下がわかりにくいパーツにはどちらが上になるか印をつけておくとよい。

生地の裁ち方

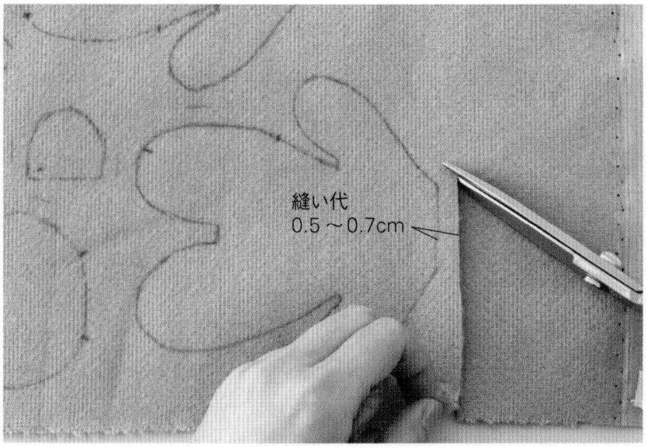

写し取った線から、縫い代分0.5 ～0.7cm あけて生地を裁つ。

《毛足が長い生地の場合》

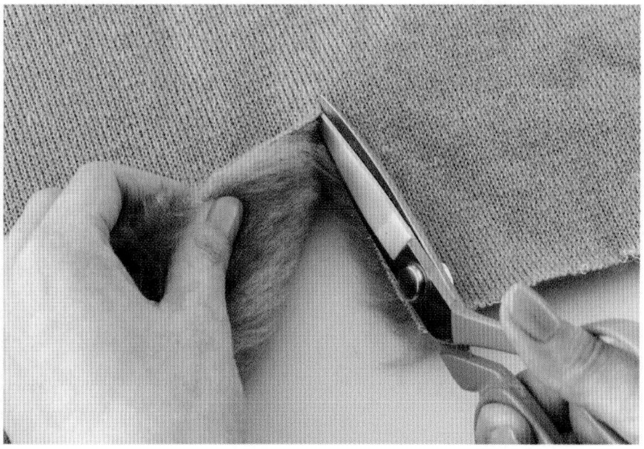

毛をなるべく切らないようにしたいので、毛を押さえながら生地のみを切るように意識して裁つ。

周囲の毛足をカット（毛足のある生地のみ）

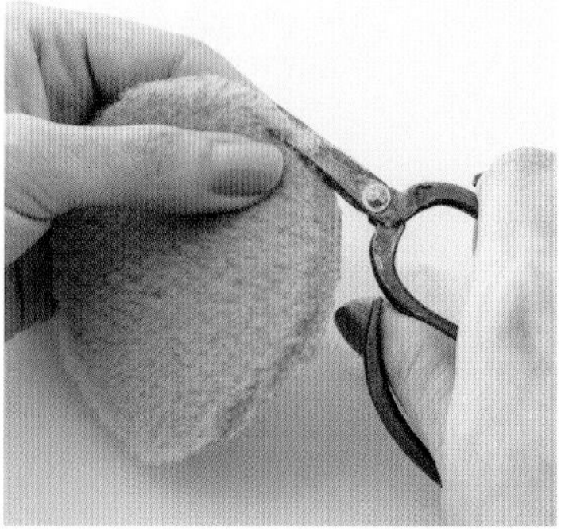

→

縫いやすくするために、パーツの周囲の毛足を少しカットする。

毛足の長い生地の刺しゅう

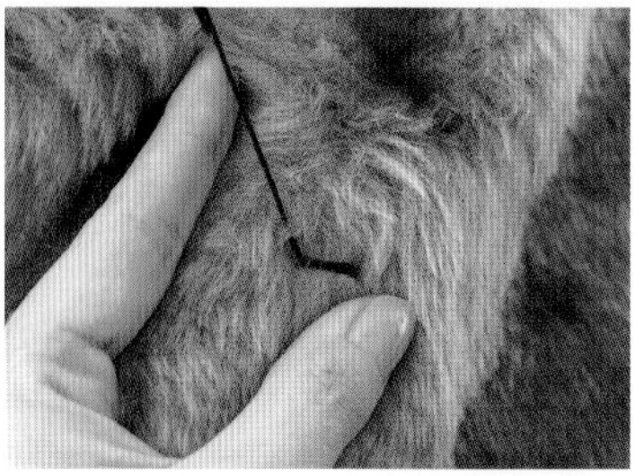

毛を指で押さえながらステッチを入れていく。

→

刺しゅうにからんだ毛を目打ちで引き出す。

↙

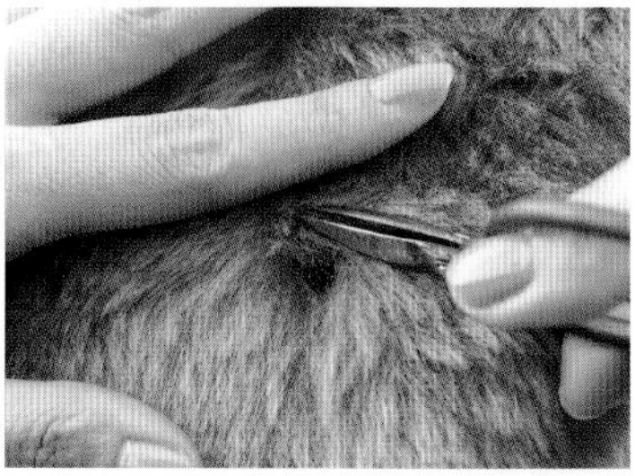

ステッチの周囲の毛を細工ばさみ等でカットする。

→

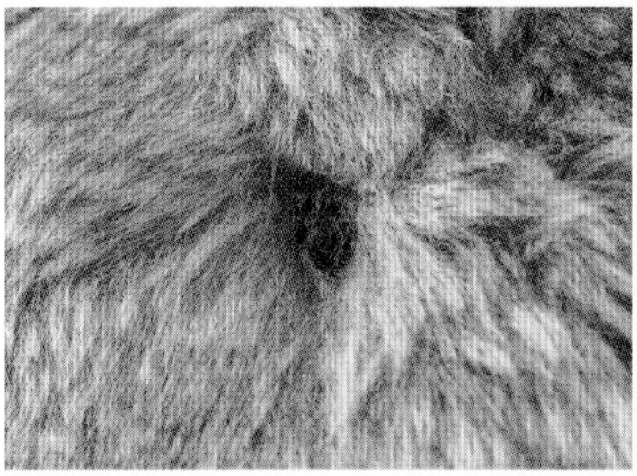

カットしたところ。

「眠そうなコアラ」(p.6)の作り方

sketch

裁断が終わったら、パーツを縫い合わせます。

◎ 材料
縫いぐるみ用ウール…グレー約28×23cm、
オフホワイト8×5cm
リボン…好みの幅で50cm程度
25番刺しゅう糸…黒、赤
手芸わた

◎ 顔の刺しゅう　p.37参照
目(黒)…E
鼻(黒)…C
口(赤)…D
※このアルファベットはステッチの種類を示しています。

◎ 実物大型紙はp.33

本体と耳を縫う

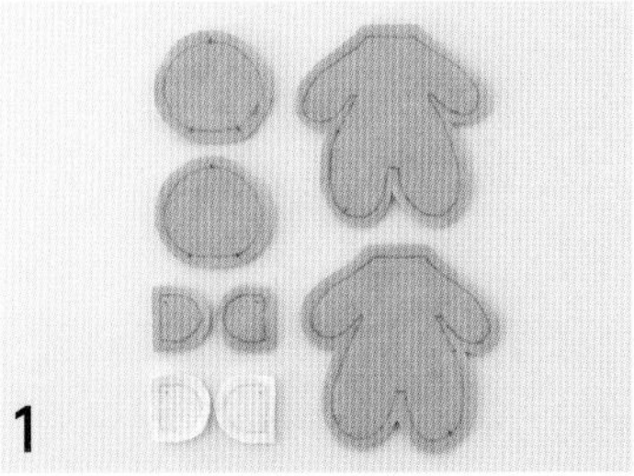

必要なパーツをカットする。(p.28～29、32型紙の置き方例参照)

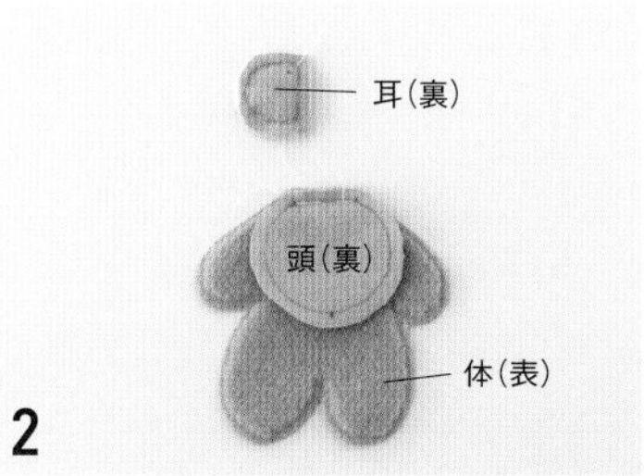

頭と体を中表に合わせてしつけする。耳の前後も同様に。これを2組みずつ作る。

2のしつけの上から2本どりで本返し縫い(p.34参照)をする。しつけ糸は後から取る。

周囲を縫い、リボンをつける

4

本体を中表に合わせ、リボンつけ位置にリボンをはさみ周囲をしつけする。その後に上から本返し縫いする。この時、返し口はあけて縫う。しつけ糸は後から取る。

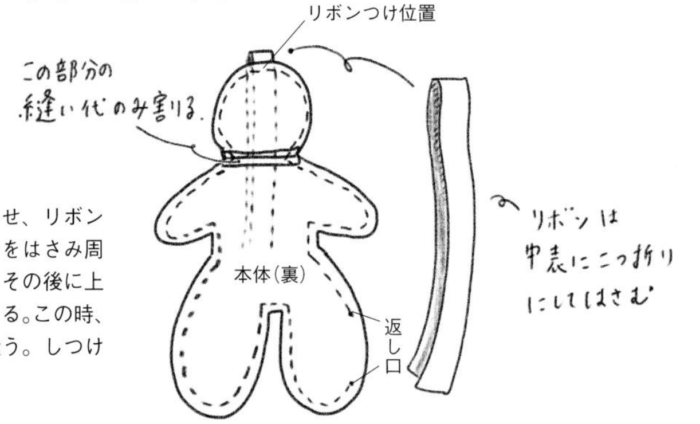

角に切込みを入れる

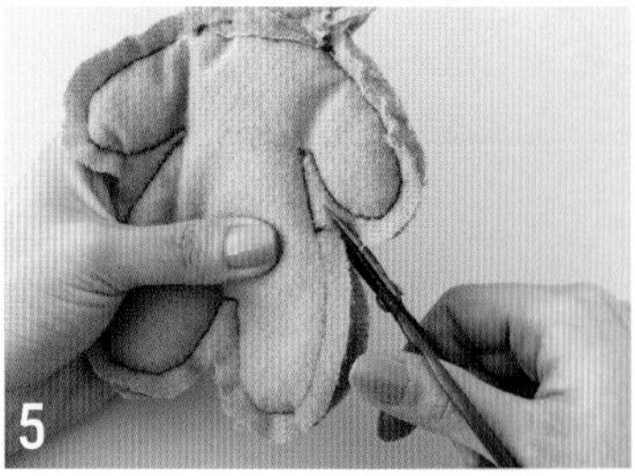

首、脇、股に切込みを入れる。この時、2枚一緒ではなく1枚ずつ慎重に。縫った糸を切らないように充分注意して。

表に返す

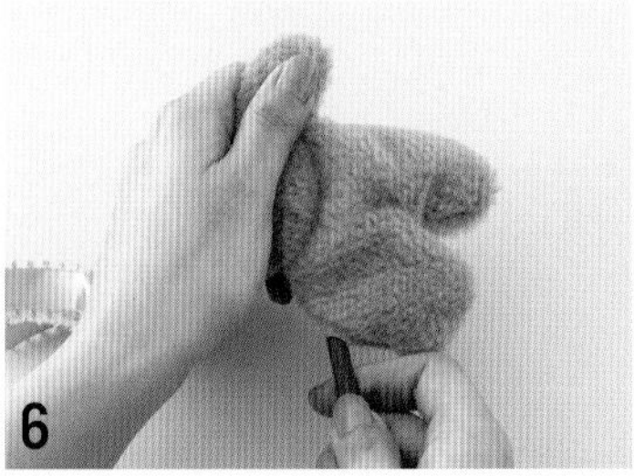

本体と耳をそれぞれ返し口から表に返す。首の部分などの細い部分は、わた詰め棒や箸を使うと返しやすい。

※箸先だと穴があく心配があるので、必ず箸頭を使うなど、工夫する。

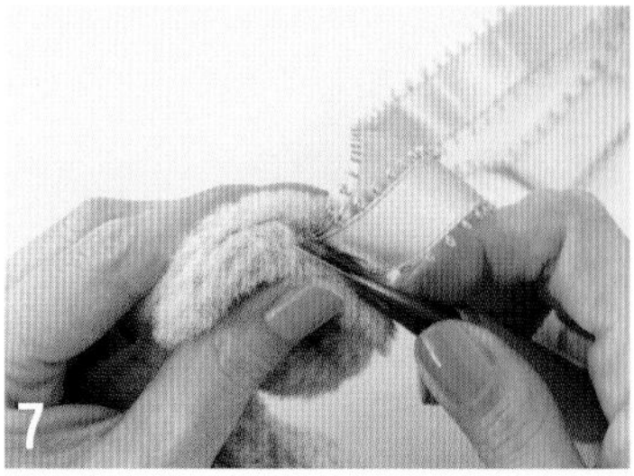

表に返したら、内側に入り込んでいる部分に目打ちを入れて引っ張り、輪郭を出す。

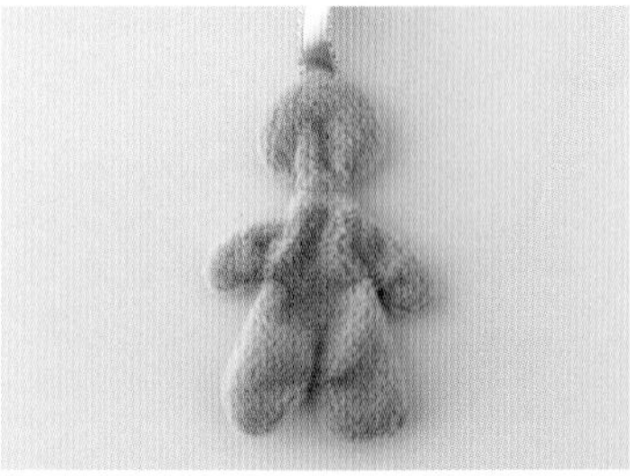

表に返ったところ。

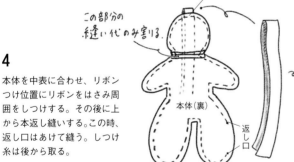

わたを詰める

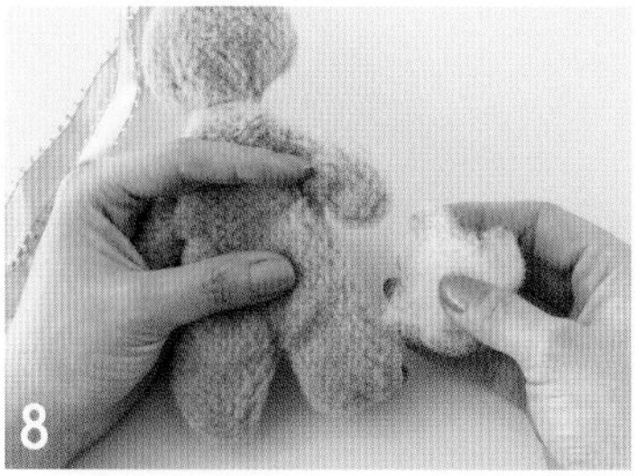
8

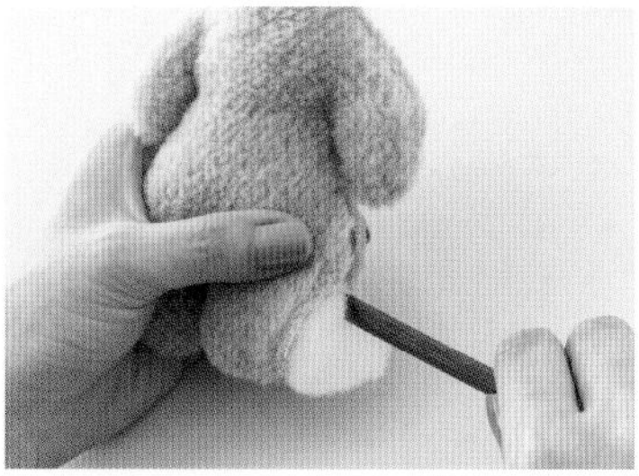

本体と耳にわたを詰める。少量ずつ上から順に詰め、手先、足先は細かく詰めて。わたの入れぐあいは好みだが、丸いシルエットにしたい場合はぎゅっとたくさん詰める。

返し口をとじる

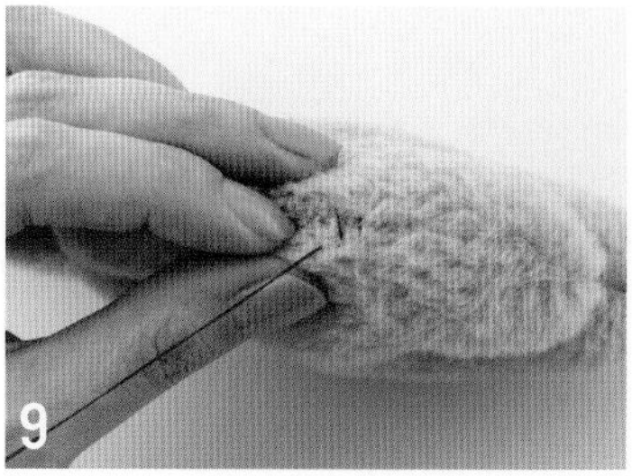
9

返し口をコの字とじでとじる(p.34参照)。

耳をつける

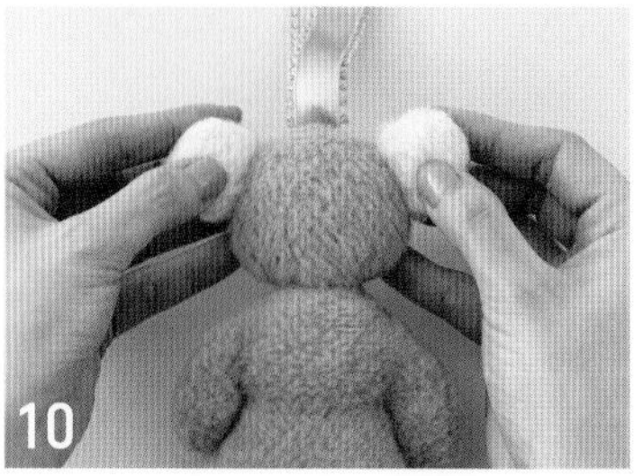
10

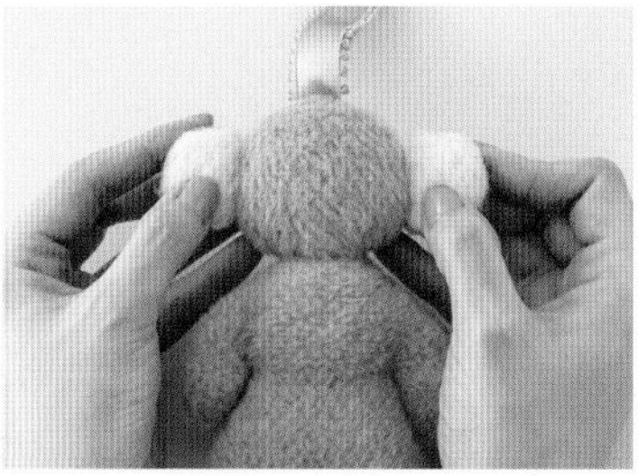

耳を好みの位置につける。つける前に位置をシミュレーションする。上のほうにつけると凛々しい感じ、下のほうにつけるとかわいい感じに。

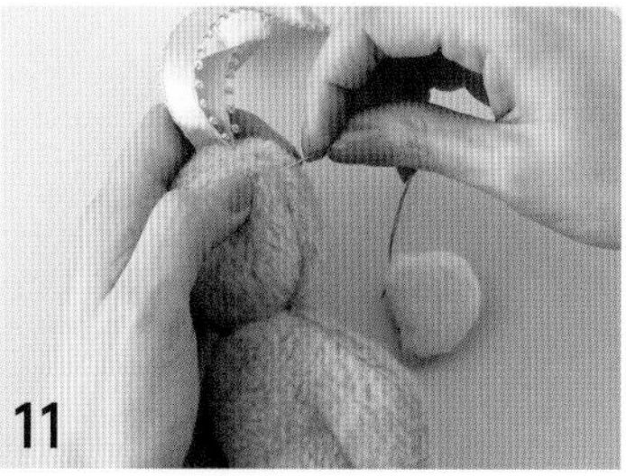
11

つけ位置が決まったら縫いつけていく。

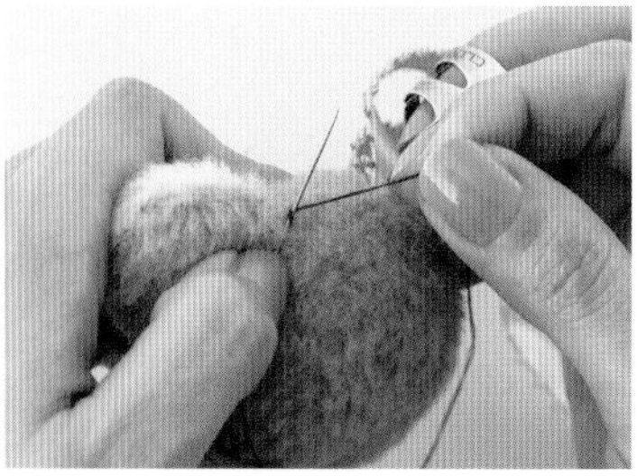

耳が顔にぴったりつくように、糸を強めに引く。縫う部分が重なって厚いので、指ぬきを使いながら縫うとよい。最後は玉どめする。

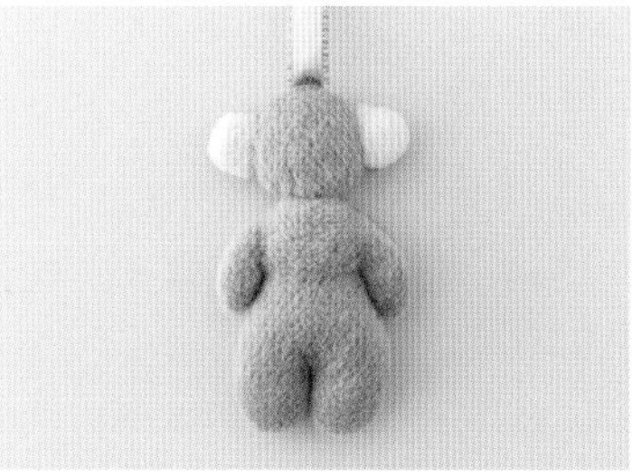

耳がついた。次は顔の刺しゅう。全体のバランスを見て、どういう顔にしたいかしっかりイメージする。p.36-37も参考にして。

顔を刺しゅうする

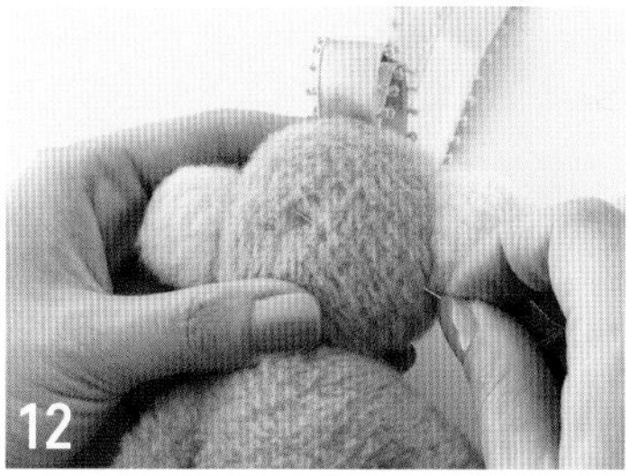
12

鼻から刺しゅうする。3本どりで、刺しゅう位置から離れたなるべく目立たないところから針を入れる。(顔の刺しゅうはp.30のsketch、p.37の刺しゅうのやり方を参照)

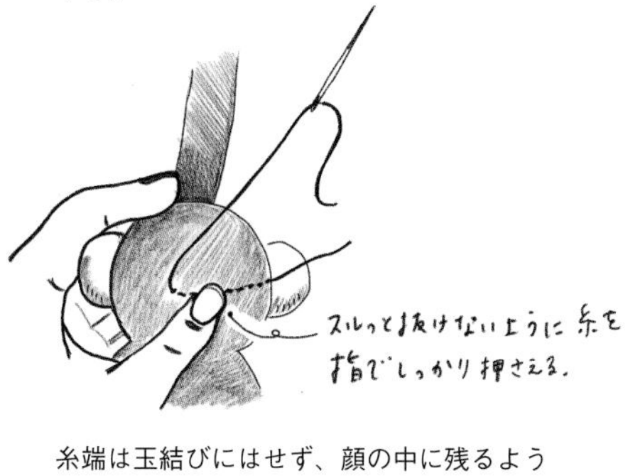
スルっと抜けないように糸を
指でしっかり押さえる。

糸端は玉結びにはせず、顔の中に残るようにする。そのため、糸が通り抜けないように指で押さえて刺し始める。

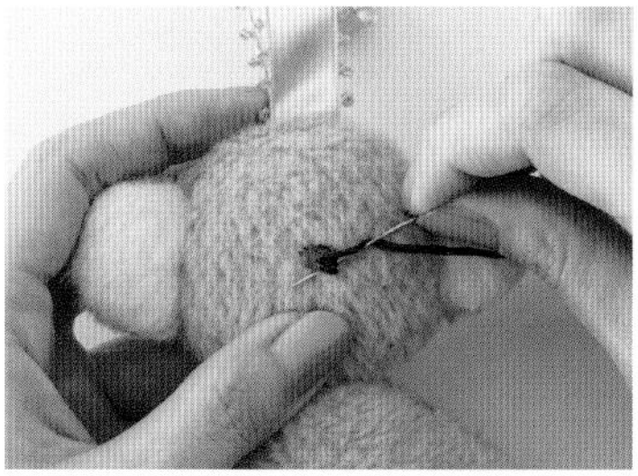

最初の1目の上にも2～3針重ねて刺して、糸が抜けないようにする。

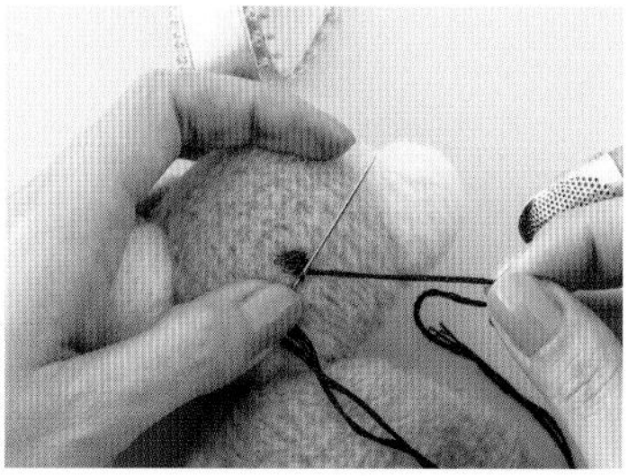

鼻が刺し終わったら、目立たないところで玉どめをして刺しゅうの中に針を通して玉どめを隠すようにする。

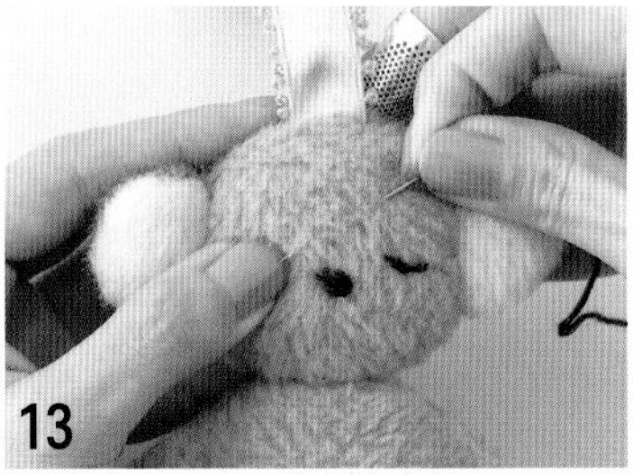

12と同様に刺しゅう位置から離れた場所に針を入れ、目を刺しゅうする。

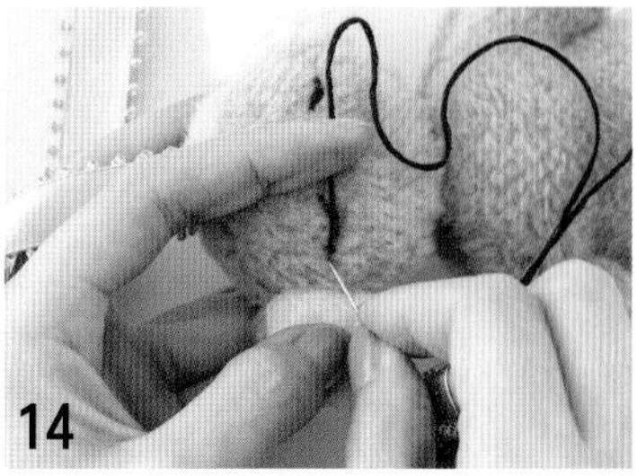

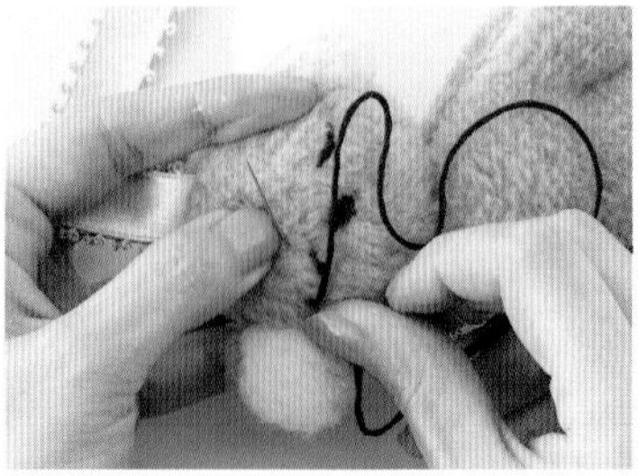

刺し終えたら玉どめをする。玉どめのすぐそばに針を入れて、離れたところから針を出して糸を引き、できるだけ生地や毛足の中に玉どめを隠すようにする。

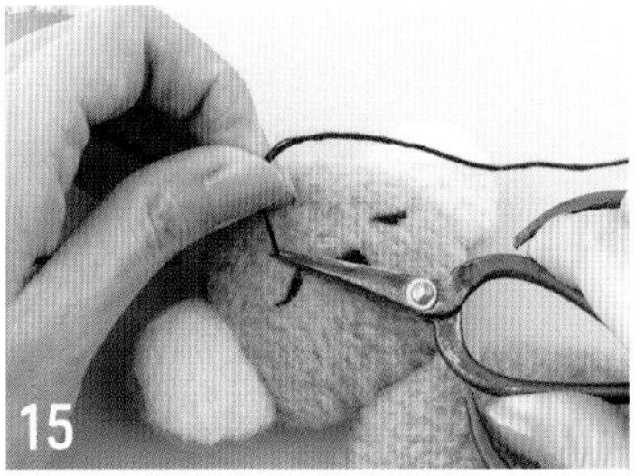

表面ぎりぎりのところで糸を切る。

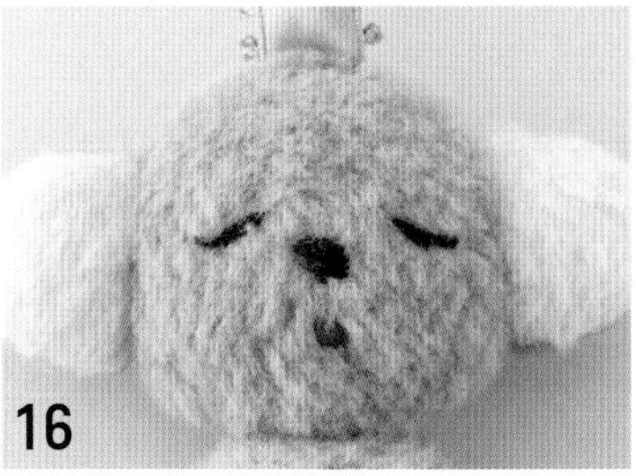

口も同様に刺しゅうする。

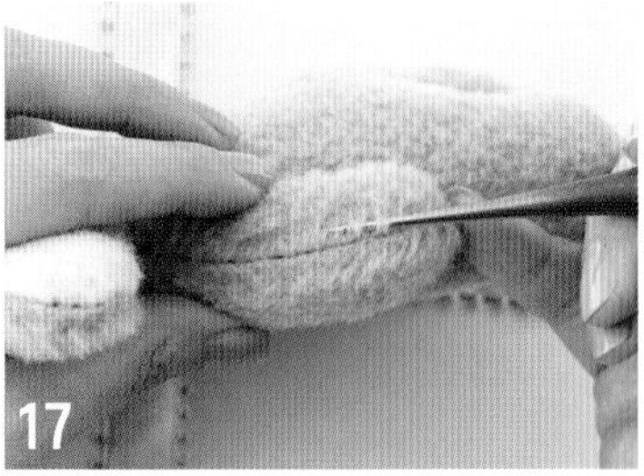

内側に巻き込まれている毛を目打ちで引き出す。

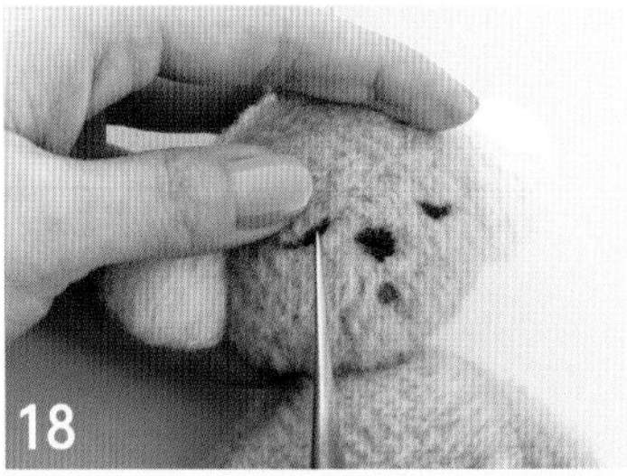

刺しゅうに巻き込まれた毛を引き出す。

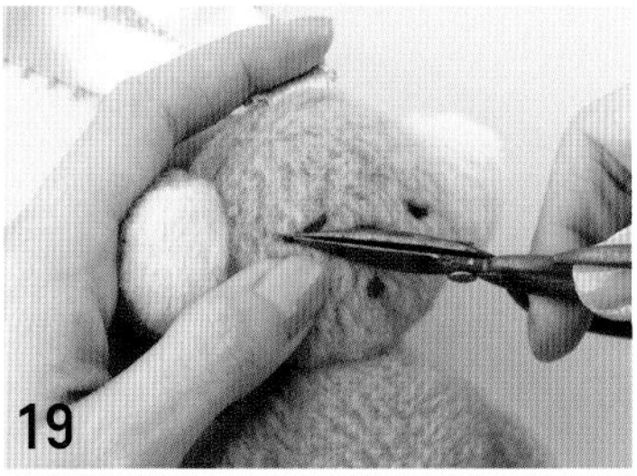

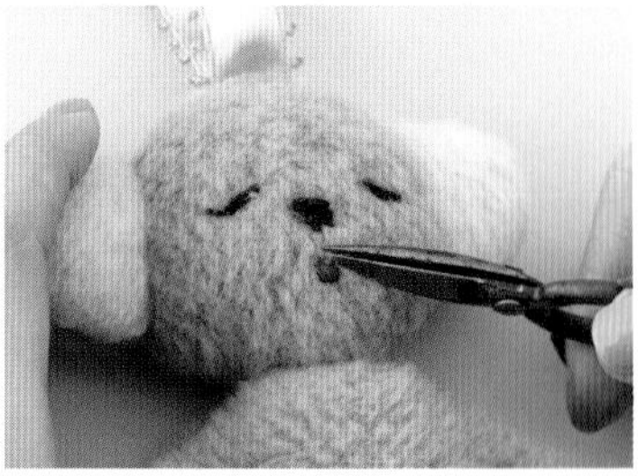

刺しゅうの上にのった毛を少しカットして顔の表情を出す。

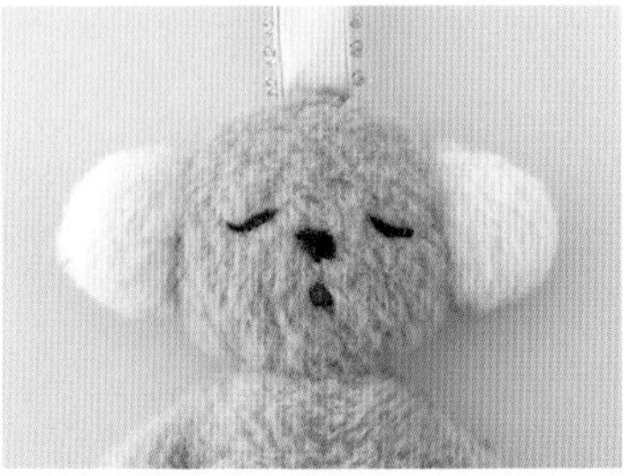

完成

◎型紙の置き方例

ウール(グレー)

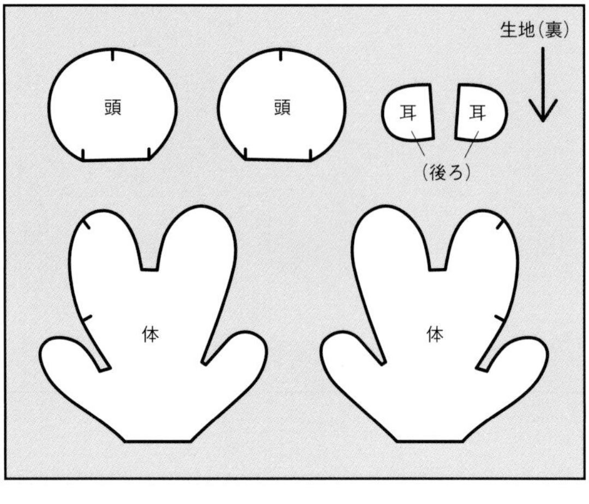

ウール(オフホワイト)

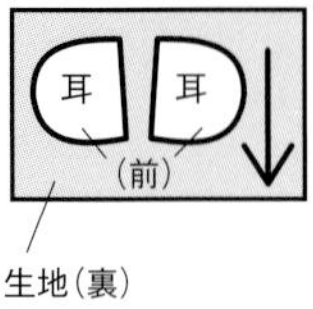

実物大型紙

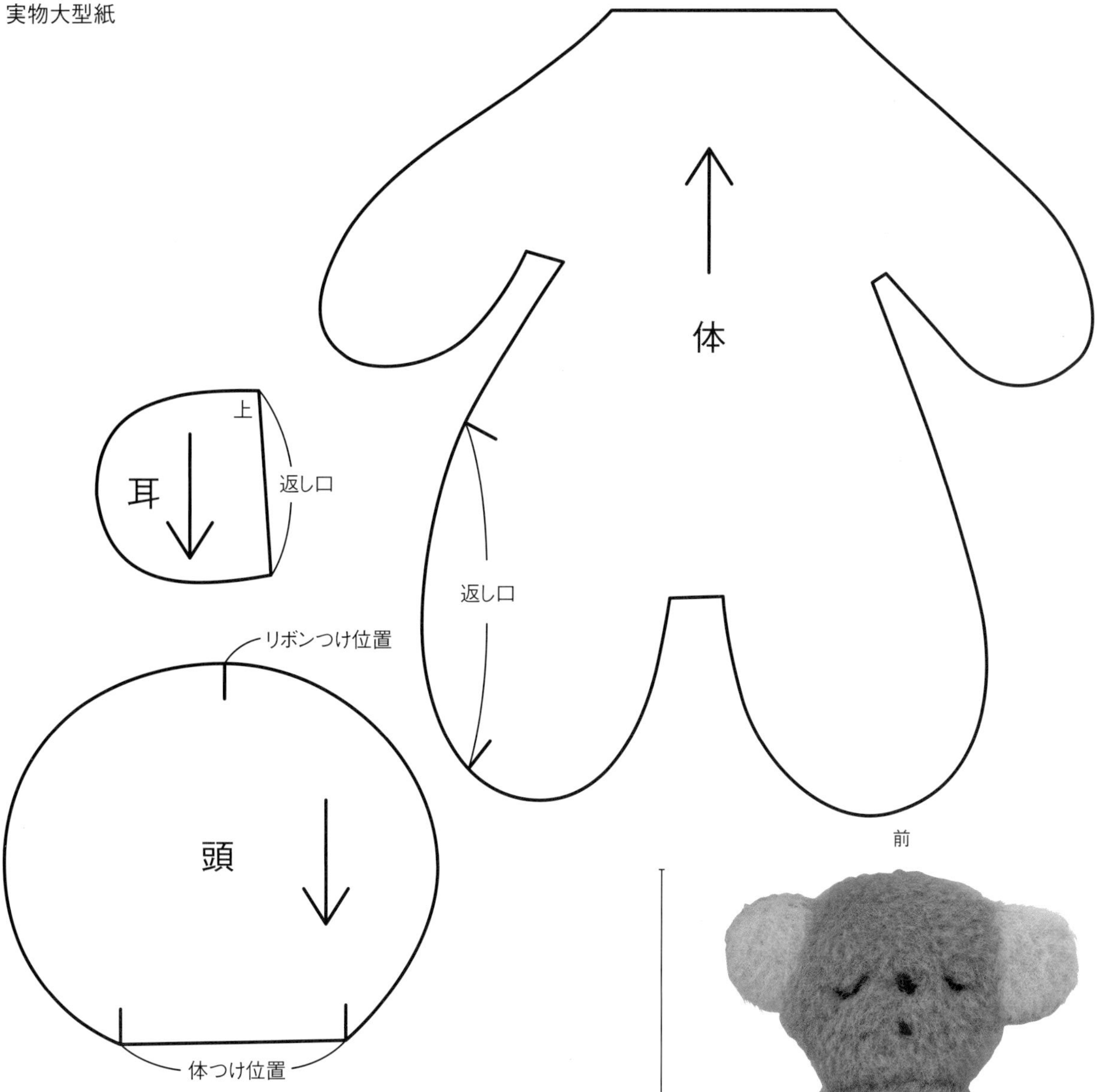
体
上
耳
返し口
返し口
リボンつけ位置
頭
体つけ位置

後ろ

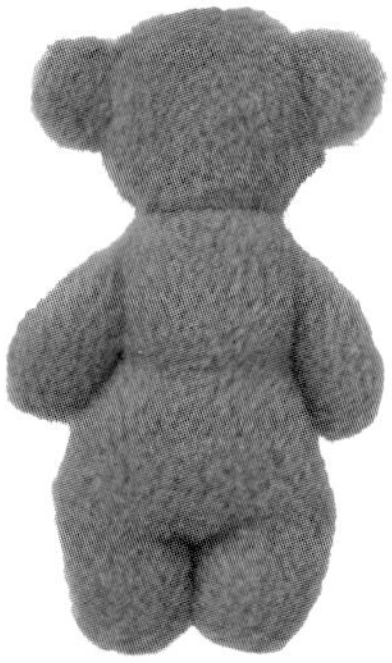

前

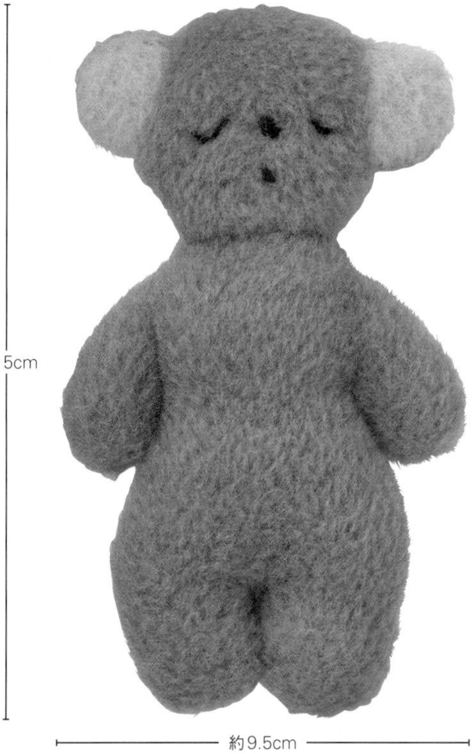
約15cm
約9.5cm

作り方の基本情報です。
確認しながら作ってください。

玉結び

縫始めに必ず出てくる作業です。
この方法は、糸がグチャグチャにならず、すっきりとした玉結びになります。

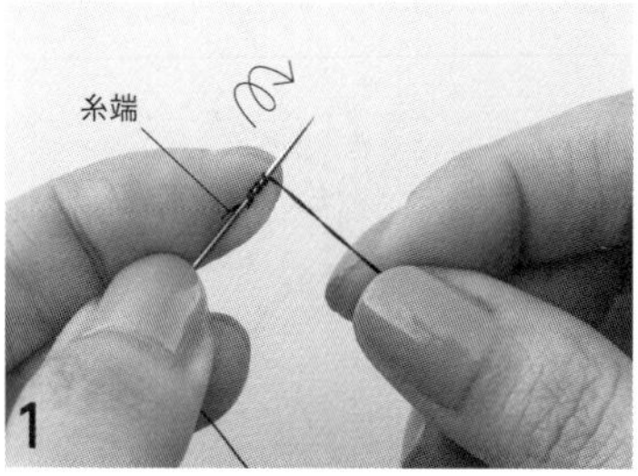

針穴に糸を通し、針先に糸を２～3回巻きつける。

→

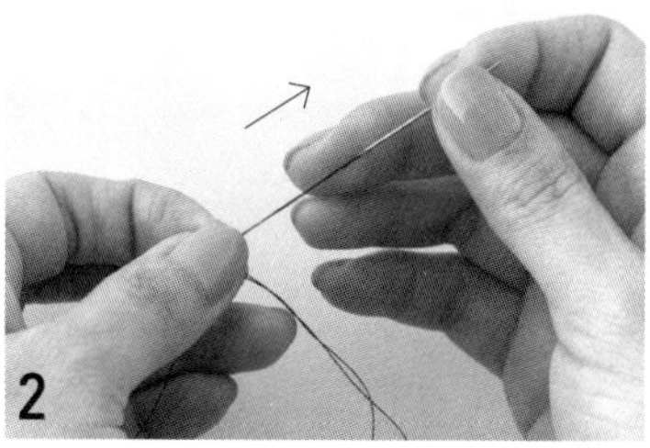

巻きつけた糸を指で押さえながら、針を引く。

→

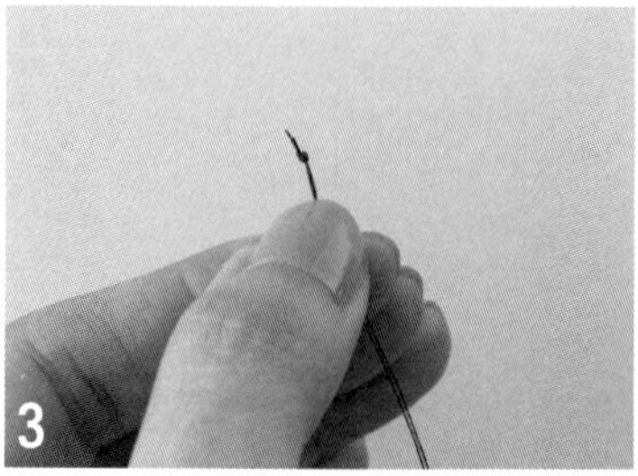

きれいな玉結びの出来上り。

しつけをしよう

毛足の長さや質によっては、縫っているうちに生地がかなりずれることがあります。
本縫いをする前にしつけをしておけば安心して縫うことに専念できます。ざっくりでもよいのできちんと2枚の生地をとめておくことが成功への第一歩です。

手縫いで仕立てます

本体は2本どりの手縫いで仕立てます。
ミシンで縫えるかたはミシンを使ってもかまいません。

◎ 本返し縫い

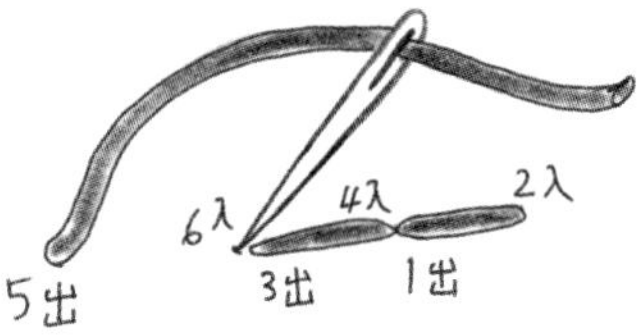

この本の基本の縫い方。1針ずつ戻りながら針を進めていきます。ミシンで縫ったかのようにすきまのない縫い目になり、丈夫です。

◎ コの字とじ

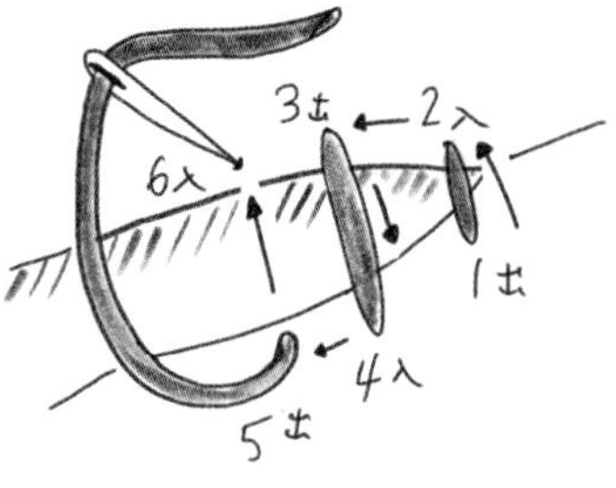

返し口をとじる際の縫い方。縫い目が表に極力出ない方法です。生地と生地の間に垂直に針を渡していき、生地どうしを突合せにしていきます。

◎ まつり縫い

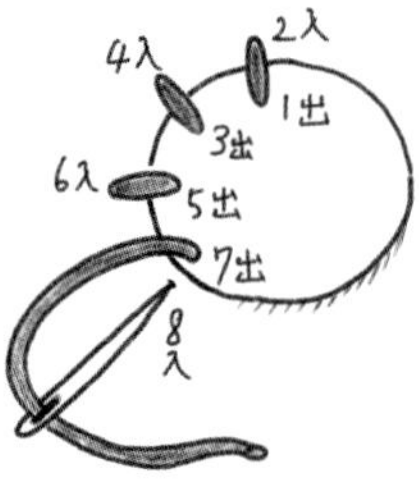

本体の上に別の生地やパーツをつける際の縫い方。針を垂直に渡して、等間隔に縫いつけます。

切込みの入れ方

作品によっては、
細部をしっかり出すために
部分的に切込みを入れます。
縫った糸を切らないように、
1枚ずつ丁寧に行ないましょう。

◎ 角の部分の切込み

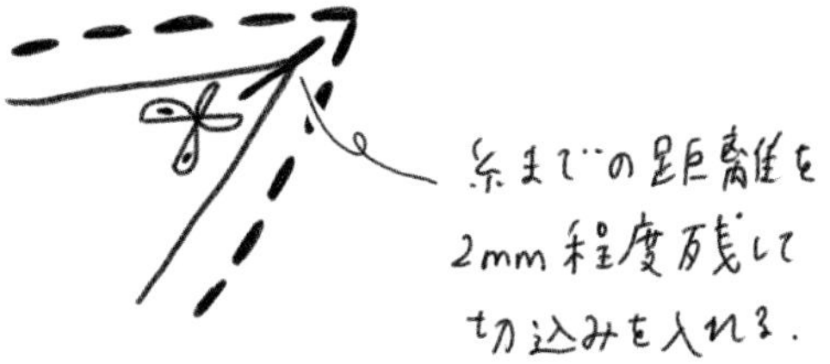

◎ 縫い代のある首のつけ根の切込み

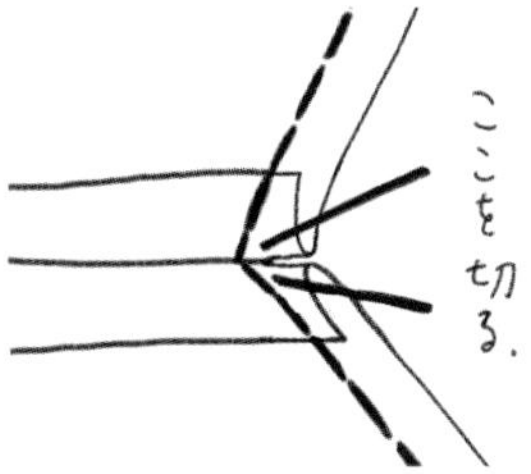

型紙について

型紙は別の紙に写し取って使います。
縫い代なしの仕上り線に
なっていますので、線で切り取ります。
生地を裁断する際に、
縫い代をつけながら生地を裁ちます。
わずかに左右対照の形ではないので、
前・後ろは好みで決めてください。

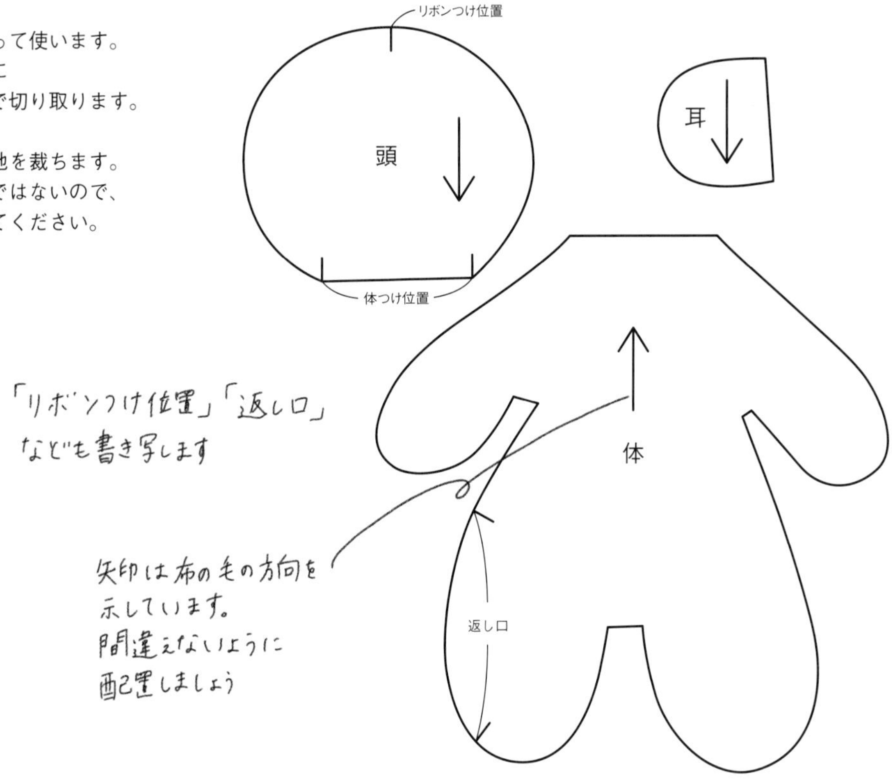

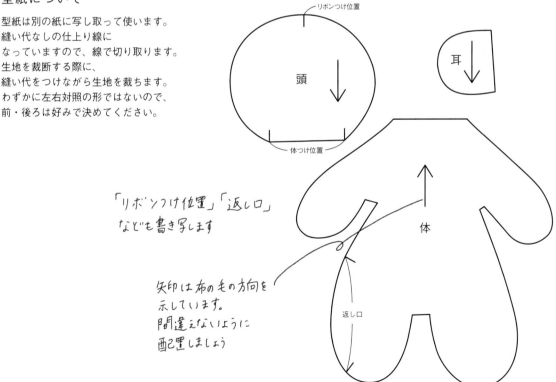

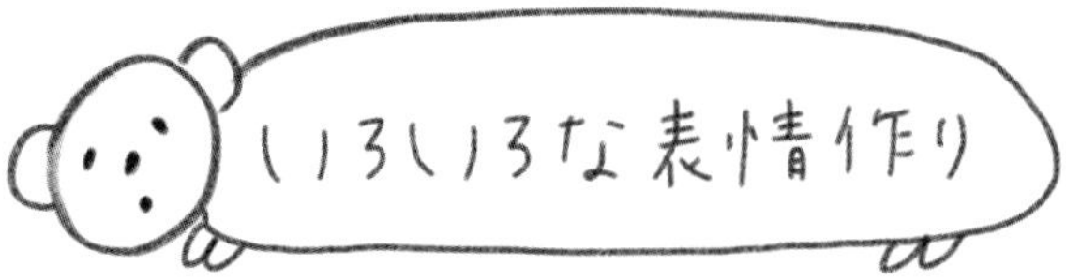
いろいろな表情作り

顔の刺しゅうは、事前に位置を決めません。
本体が仕上がってから、バランスを見て顔を入れてほしいからです。
パーツの位置も刺しゅうの方法もお好みで、
オリジナルの表情を作ってください。

パーツの位置について

◎ 耳の位置

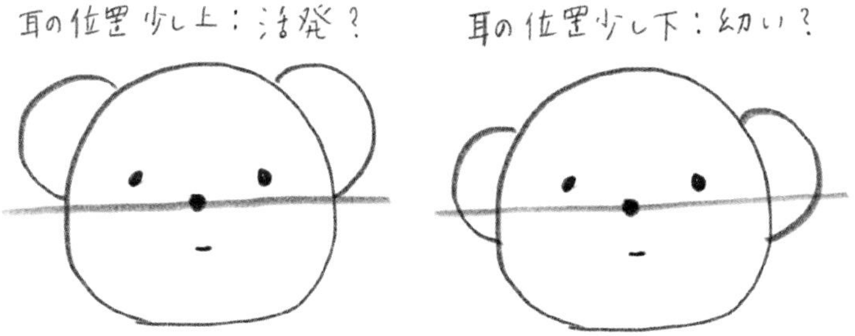
耳の位置少し上：活発？
耳の位置少し下：幼い？

◎ 目、鼻、口の位置

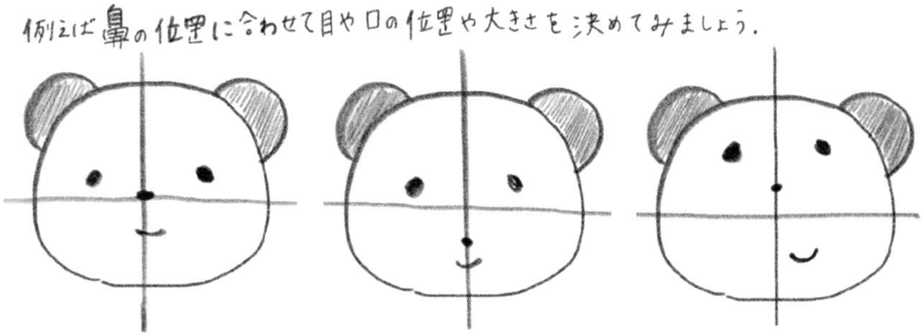
例えば鼻の位置に合わせて目や口の位置や大きさを決めてみましょう。

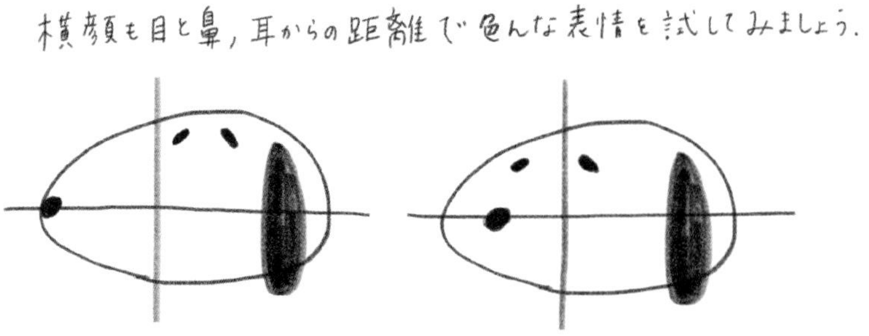
横顔も目と鼻，耳からの距離で色んな表情を試してみましょう。

この本に出てくる基本の表情

作品はこれらの表情で構成されています。

目…目尻が下がってる
鼻…横型
口…一本線

目…扇型
鼻…縦型
口…粒

目…瞳とその回りにふち有
鼻…なし
口…カーブした線

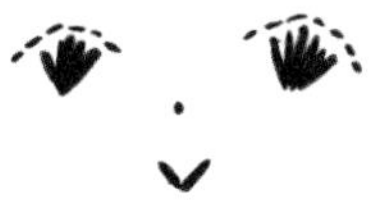

目…扇型の瞳にまつ毛
鼻…粒
口…折れ曲がった線

刺しゅうのやり方

基本的には、線を描くようなステッチでできています。
それぞれ、目、鼻、口、いろいろ使えるので自由に組み合わせてみましょう。
糸は3本どりです。

A　斜め

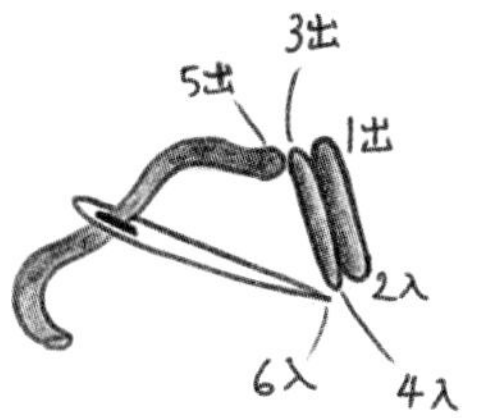

B　扇形

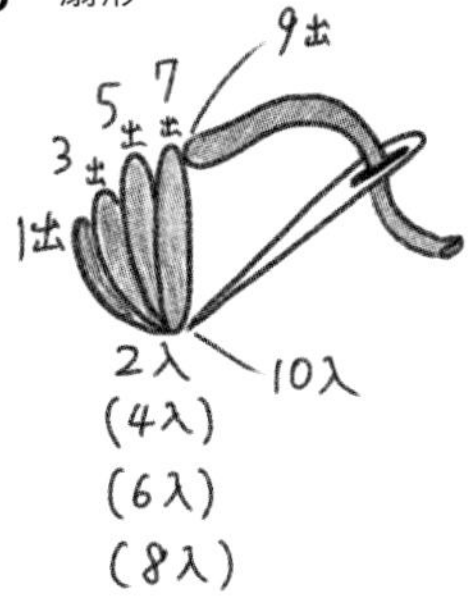

C　横

D　縦

好みで刺す回数を増減したり
長短をつけたりしてアレンジしましょう。

E　カーブした線

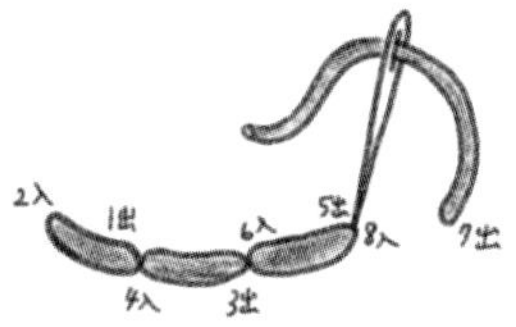

F　折れ曲がった線

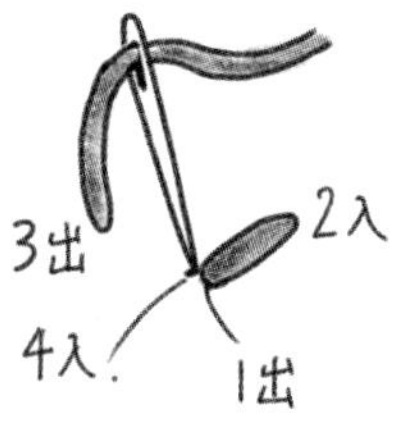

G　ふちどりの瞳

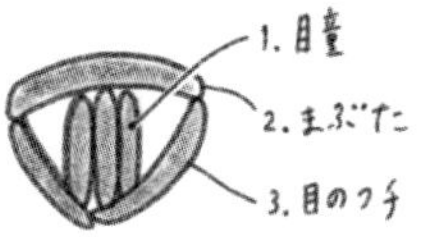

H　粒

針に糸を2回まいて
針を出した所と
同じ場所に針を
刺す。

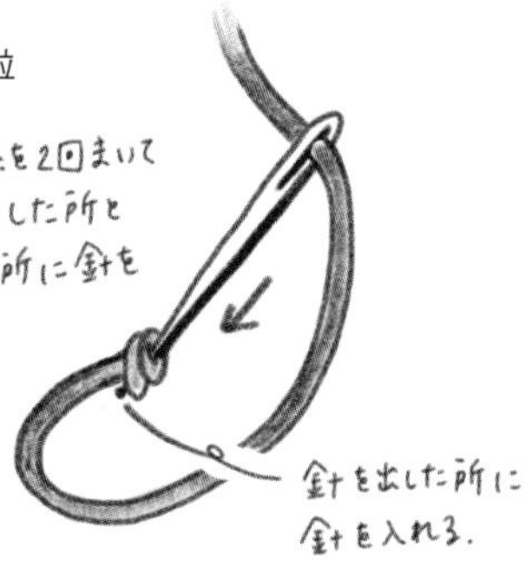

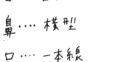

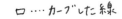

p.7

スカーフを巻いたくま

◎ 材料
モヘア…茶28×23cm
　　　　オフホワイト4.5×5.5cm
ミニチュアファー…茶6×2.5cm
リボン…好みの幅で50cm程度
25番刺しゅう糸…黒
スカーフにしたいハギレ…12.5×12.5cm
手芸わた

◎ 顔の刺しゅう　p.37参照
目(黒)…B　鼻(黒)…C　口(黒)…C

◎ 作り方

1. p.30～の「眠そうなコアラ」1～11と同様に本体を作る。

2. マズルの部分を縫いつける（p.34のまつり縫い参照）。

3. 「眠そうなコアラ」12～16と同様に顔を刺しゅうし、17～19と同様に仕上げをする。

4. スカーフのハギレを対角線で二つ折りにし、首もとに巻いてあげる。

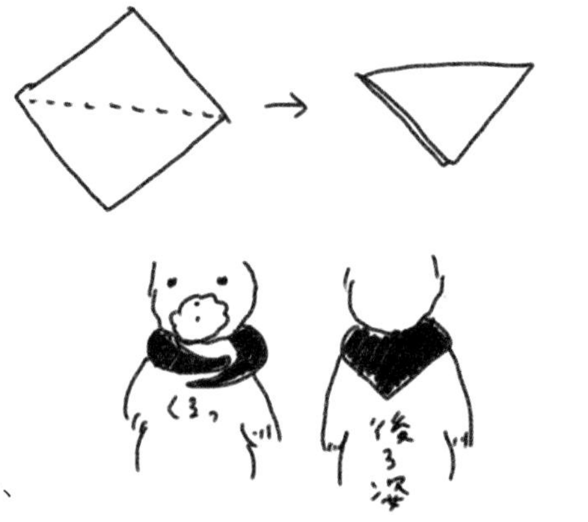

◎ 型紙の置き方例

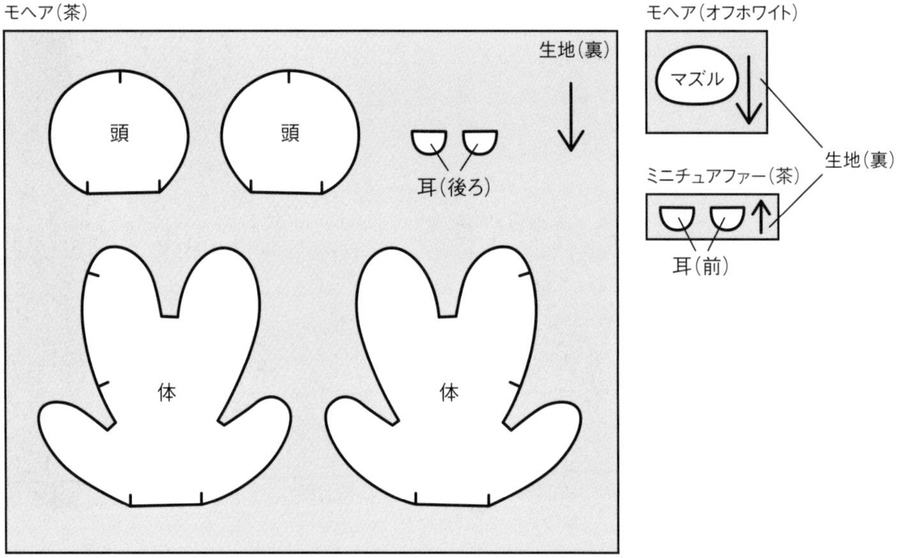

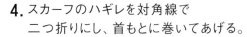

実物大型紙

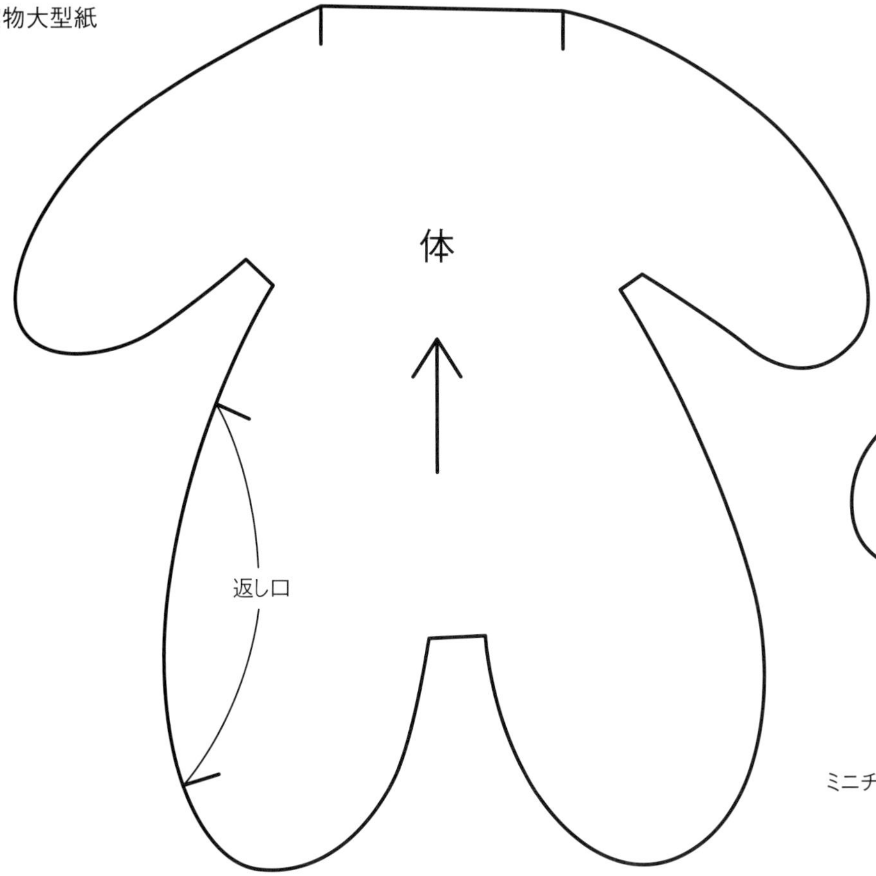
体
返し口

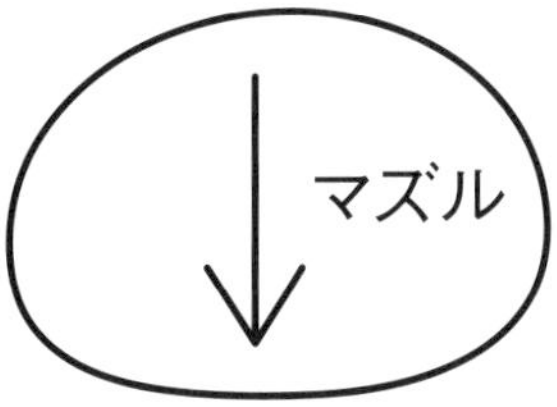
マズル

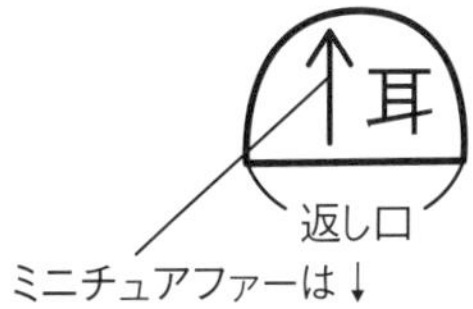
耳
返し口
ミニチュアファーは↓

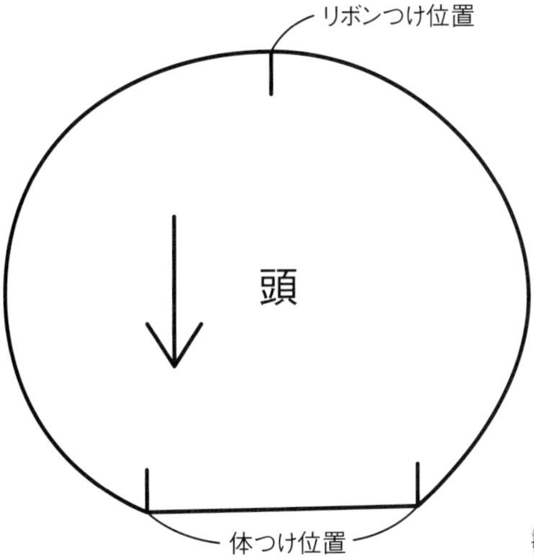
リボンつけ位置
頭
体つけ位置

後ろ

前

約16cm
約9.5cm

p.8

横顔の白兎

◎ 材料
ウール…白32×20cm
クラッシュベロア…ベージュ8×7cm
リボン…好みの幅で50cm程度
25番刺しゅう糸…赤、こげ茶、黒
リネンの刺しゅう糸…黒
手芸わた

◎ 顔の刺しゅう　p.37参照
目（赤）…B　鼻（こげ茶）…B　口（黒）…A

◎ 作り方

1. p.30〜の「眠そうなコアラ」1〜11と同様に本体を作る。

2. 「眠そうなコアラ」12〜16と同様に顔を刺しゅうし、17〜19と同様に仕上げをする。

3. リネンの刺しゅう糸でひげをつける。

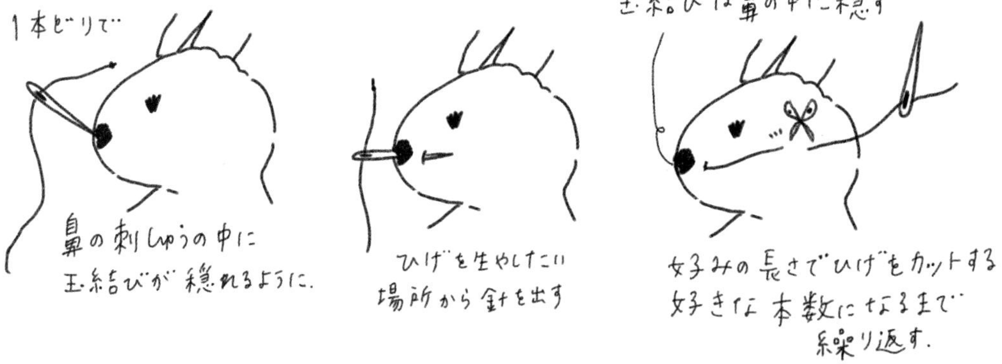
玉結びは鼻の中に隠す

◎ 型紙の置き方例

ウール（白）

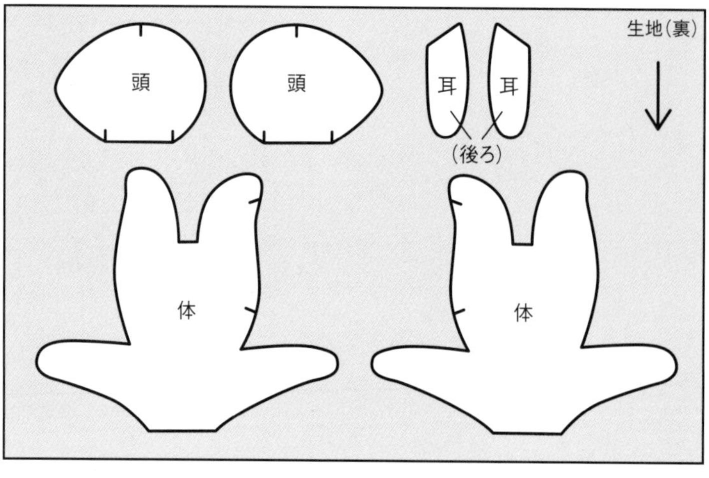

クラッシュベロア（ベージュ）

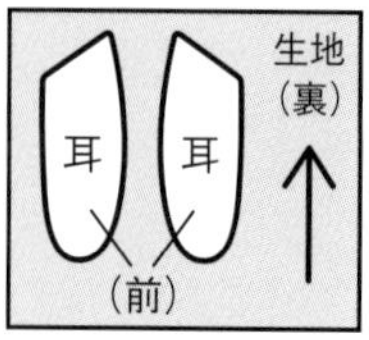

実物大型紙

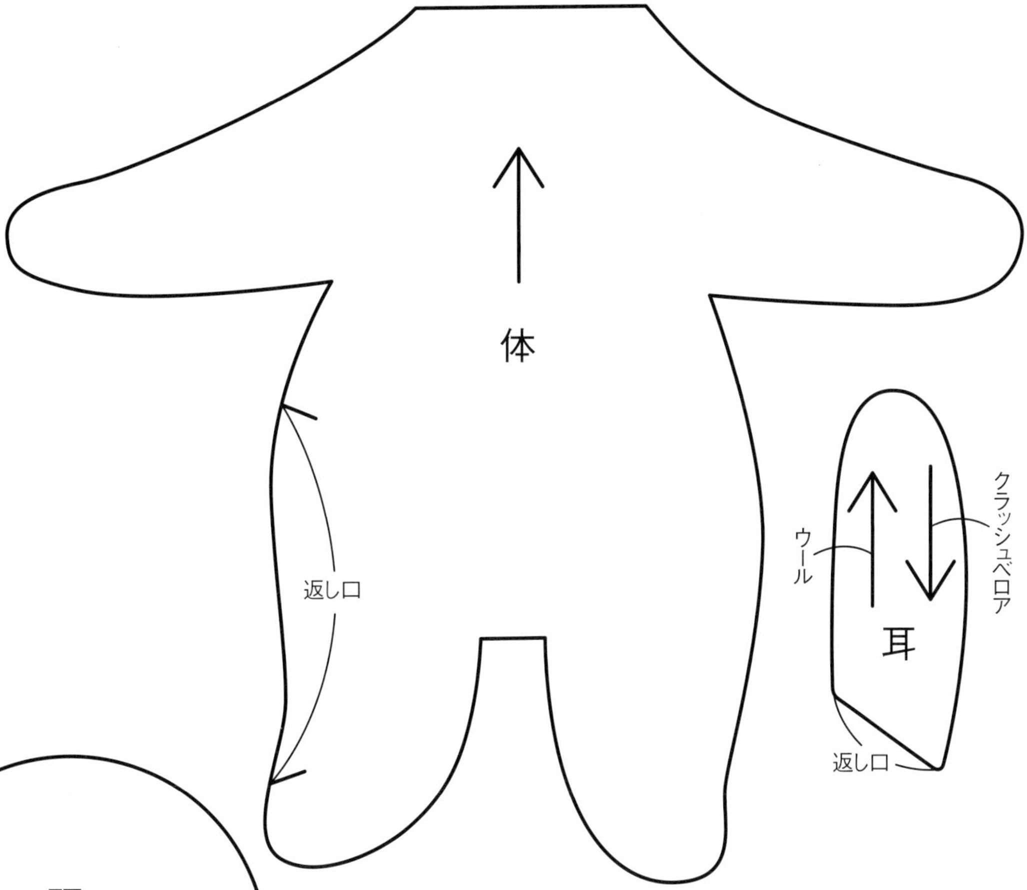
体
返し口
耳
ウール
クラッシュベロア
返し口

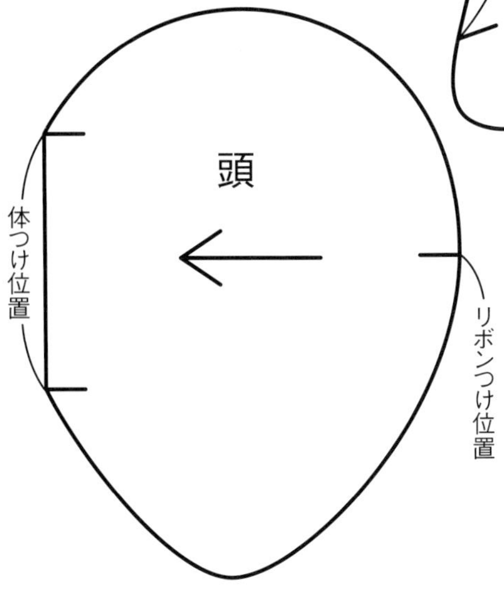
頭
体つけ位置
リボンつけ位置

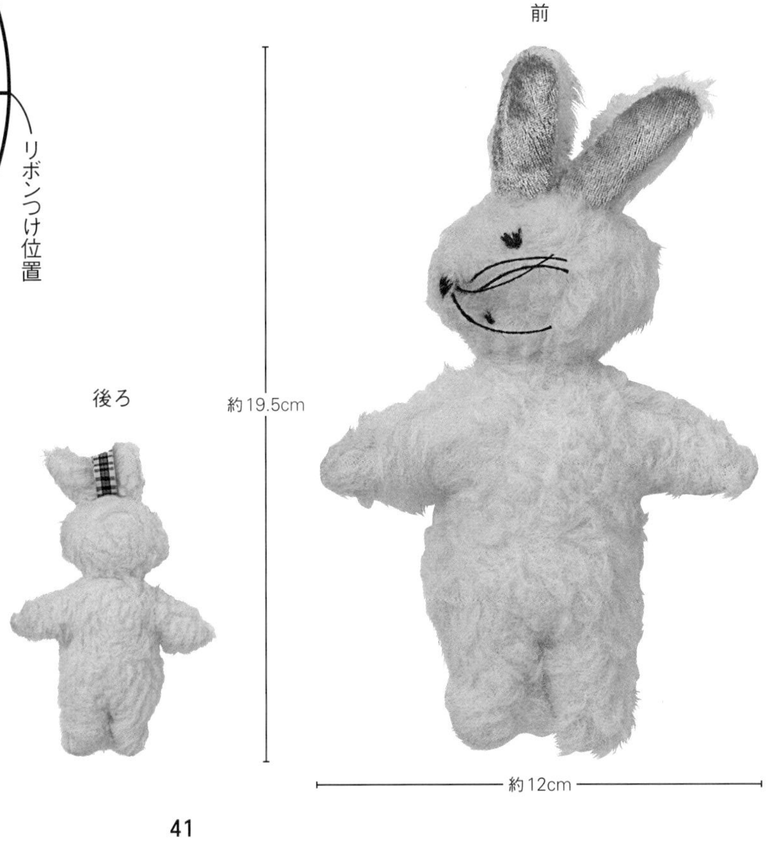
前
後ろ
約19.5cm
約12cm

p.9

ブルーの瞳の仔猫

◎ 材料
モヘア…グレー32×20cm
リネン…黒8×3.5cm
リボン…好みの幅で50cm程度
25番刺しゅう糸…ブルー、ピンク、赤
首に巻きたいハギレ…32.5×2cm
手芸わた

◎ 顔の刺しゅう　p.37参照
目(ブルー)…左がA、右がC
鼻(ピンク)…C　口(赤)…C

◎ 作り方

1. p.30〜の「眠そうなコアラ」1〜11と同様に本体を作る。

2. 「眠そうなコアラ」12〜16と同様に顔を刺しゅうし、
17〜19と同様に仕上げをする。

3. ハギレを三つ折りにして首もとに巻いてあげる(ちょうちょ結び)。

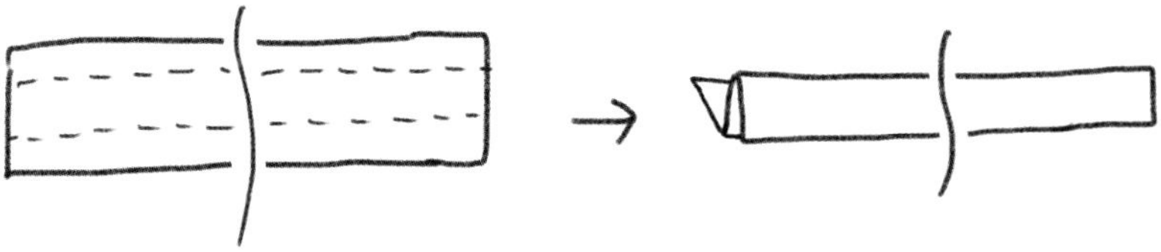

◎ 型紙の置き方例

モヘア(グレー)

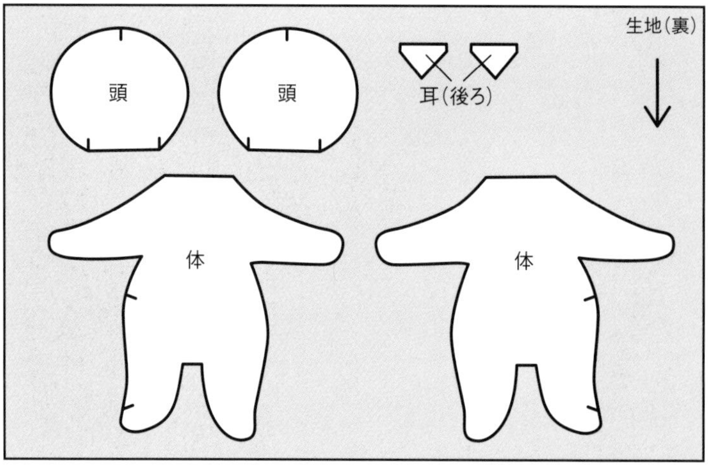

リネン(黒)

実物大型紙

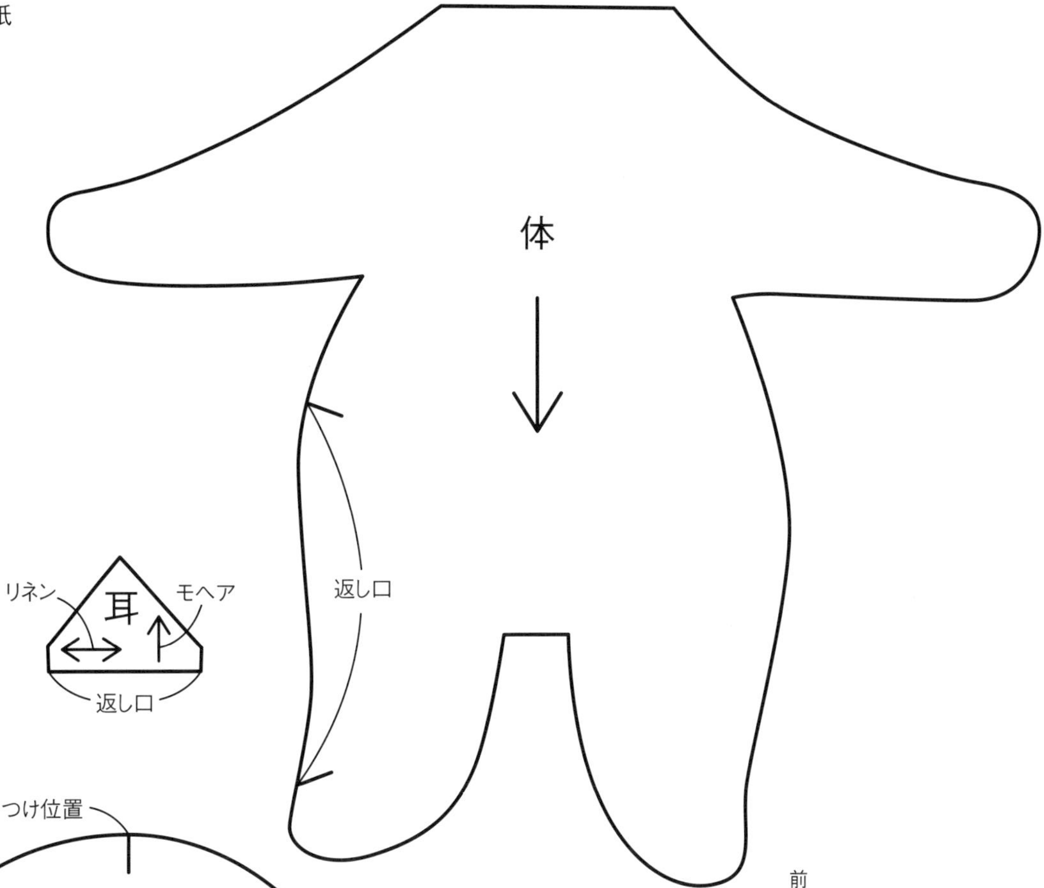
体
返し口
リネン
耳
モヘア
返し口

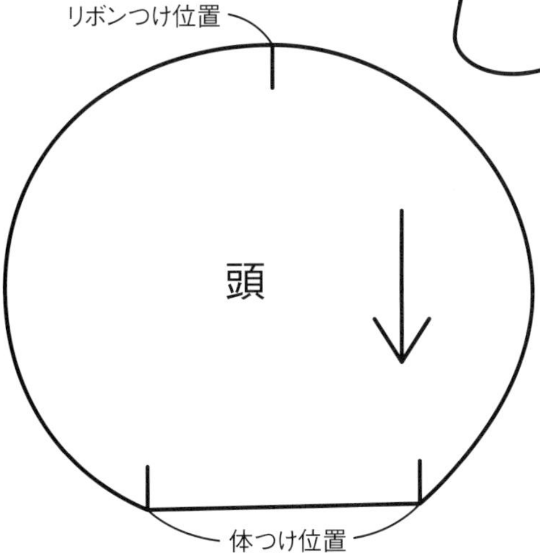
リボンつけ位置
頭
体つけ位置

前

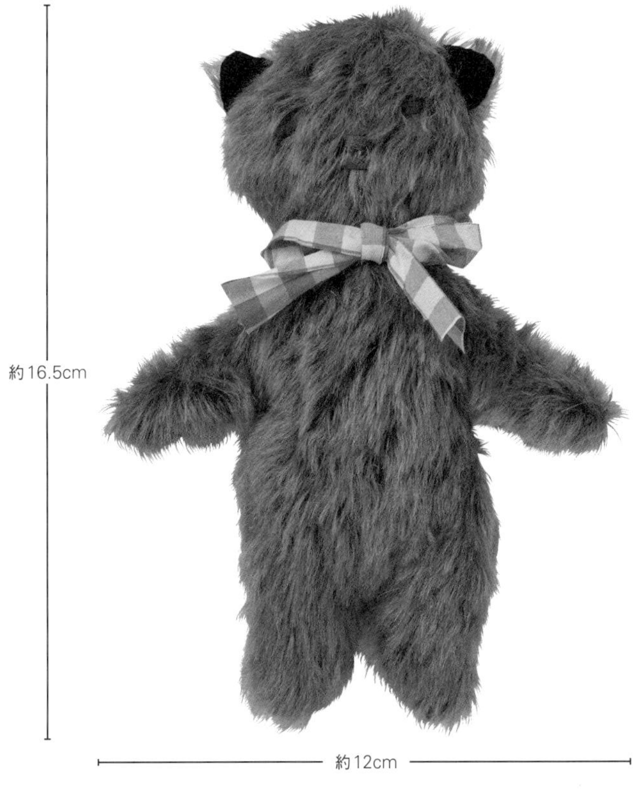
約16.5cm
約12cm

後ろ

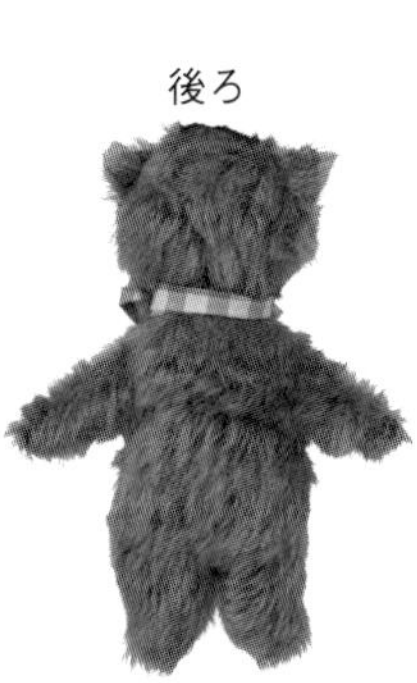

p.12

MELONちゃん

◎ 材料
毛足約0.5cmのフェイクファー…黄緑25×13.5cm
リボン…好みの幅で50cm程度
25番刺しゅう糸…グリーン系、こげ茶、黒
手芸わた

◎ 顔の刺しゅう　p.37参照
目（グリーン系）…A　鼻（こげ茶）…C　口（黒）…F

◎ 作り方

1. p.29を参照して本体をカットする。

2. p.30「眠そうなコアラ」4と同様に本体を中表に合わせ、
リボンをはさんでしつけをする。その後、本返し縫いをして、しつけ糸を取る。

3. 片面ずつ切込みを入れる。

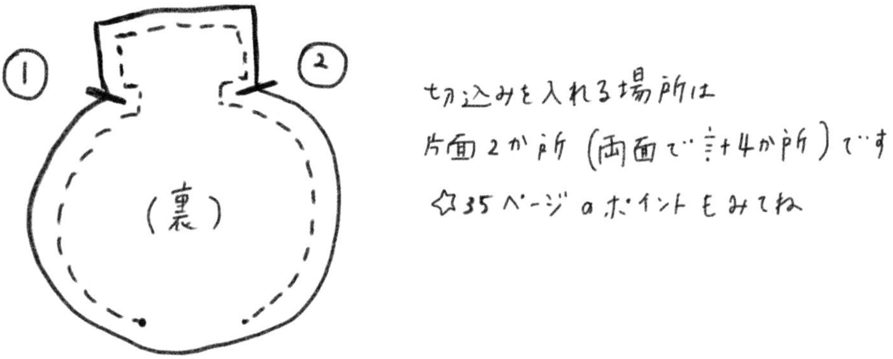
①
②
（裏）
切込みを入れる場所は
片面2か所（両面で計4か所）です
☆35ページのポイントもみてね

4. 「眠そうなコアラ」6～9、12～19と同様に作り、仕上げをする。

◎ 型紙の置き方例
フェイクファー（黄緑）

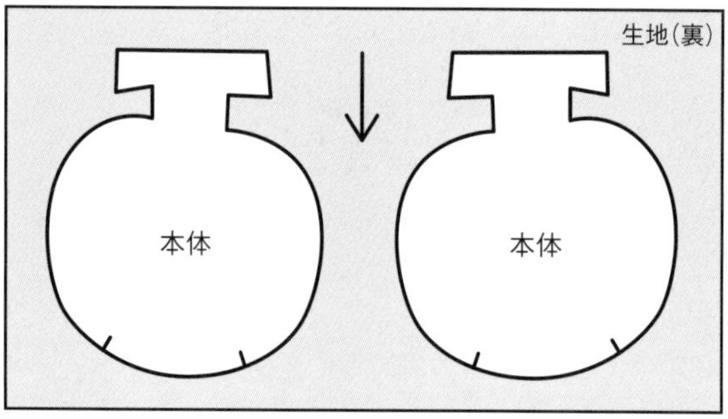
生地（裏）
本体
本体

実物大型紙

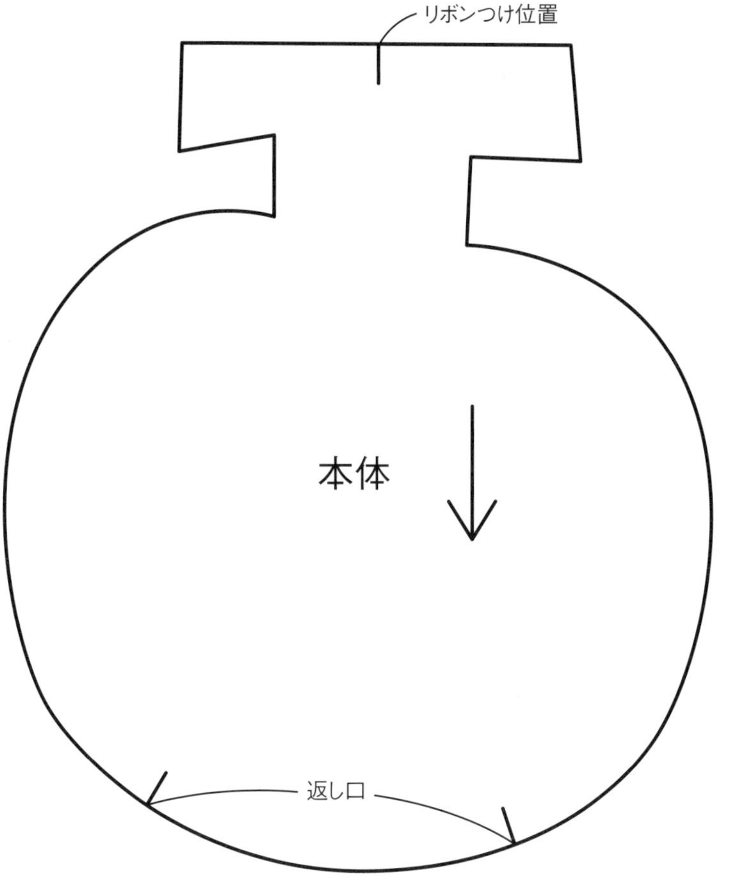
リボンつけ位置
本体
返し口

前

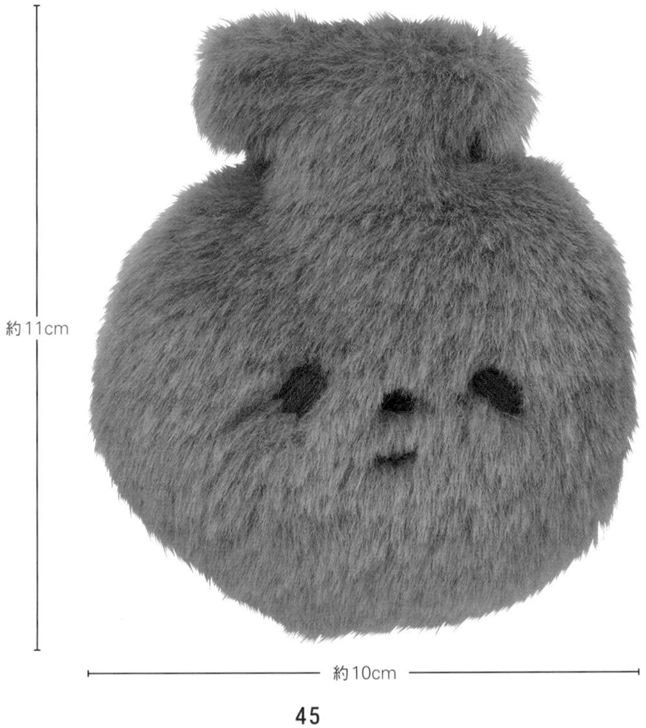
約11cm
約10cm

後ろ

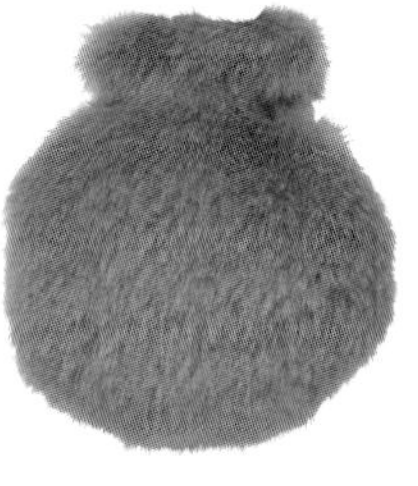

p.13

CHICKちゃん

◎ 材料
毛足約0.5cmのフェイクファー…黄18×9.5cm
コットン…黄3×2cm
リボン…好みの幅で50cm程度
25番刺しゅう糸…ブルー系
手芸わた

◎ 顔の刺しゅう　p.37参照
目（ブルー系）…B

◎ 作り方

1. p.29を参照して本体をカットする。

2. p.30「眠そうなコアラ」4と同様に本体を中表に合わせ、
リボンをはさんでしつけをする。その後、本返し縫いをして、しつけ糸を取る。

3. くちばしを作り、縫いつける。

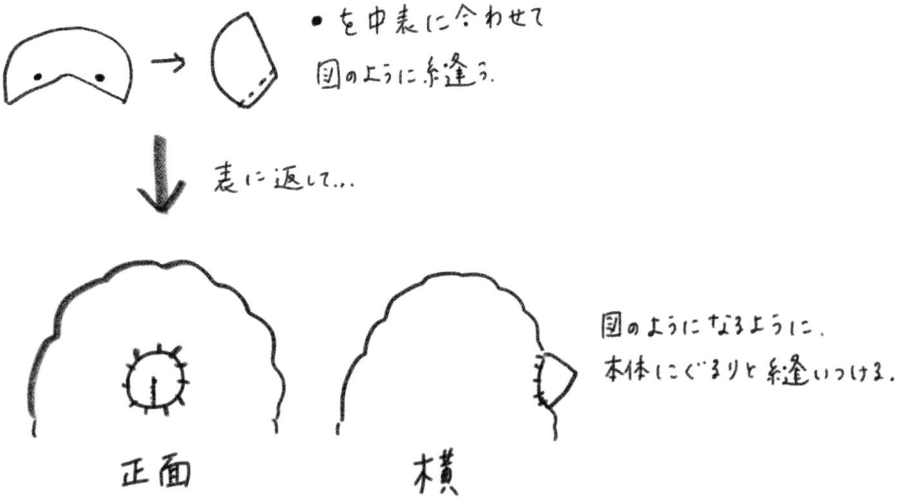
●を中表に合わせて
図のように縫う。
表に返して…
図のようになるように、
本体にぐるりと縫いつける。
正面
横

4. 「眠そうなコアラ」6〜9、12〜19と同様に作り、仕上げをする。

◎ 型紙の置き方例

フェイクファー（黄）

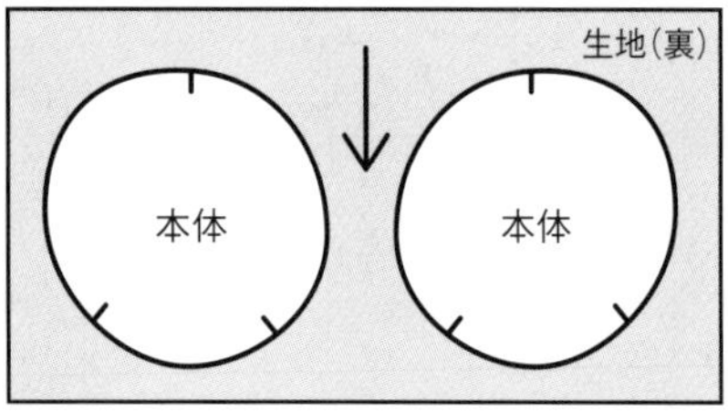
生地（裏）
本体
本体

コットン（黄）

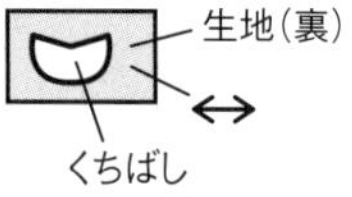
生地（裏）
くちばし

実物大型紙

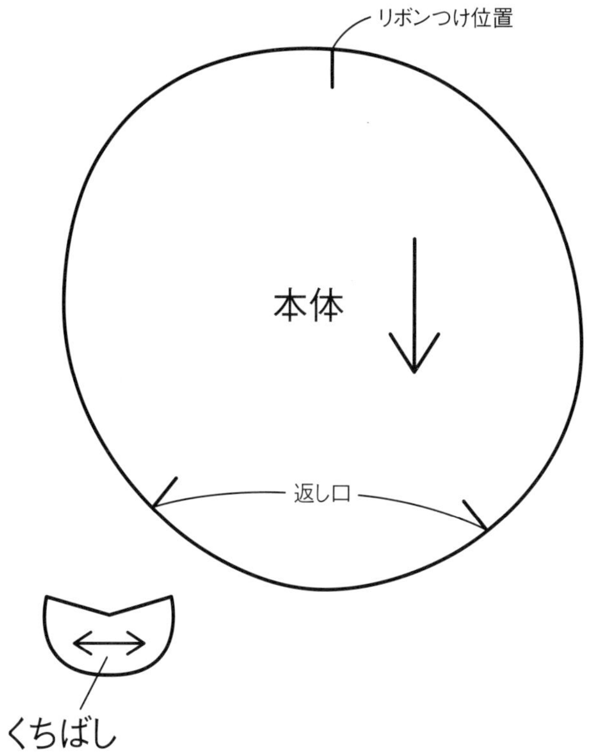
リボンつけ位置
本体
返し口
くちばし

前

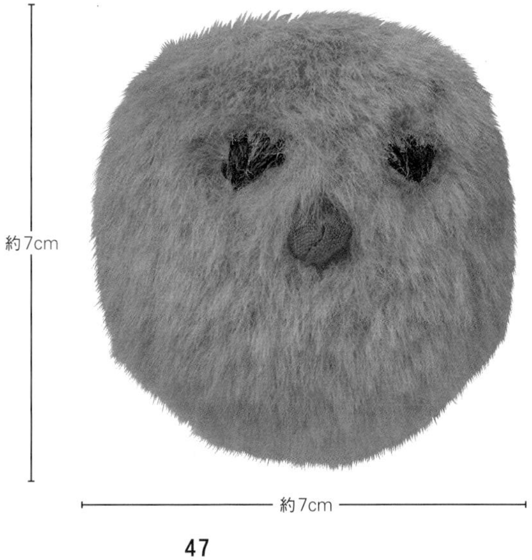
約7cm
約7cm

後ろ

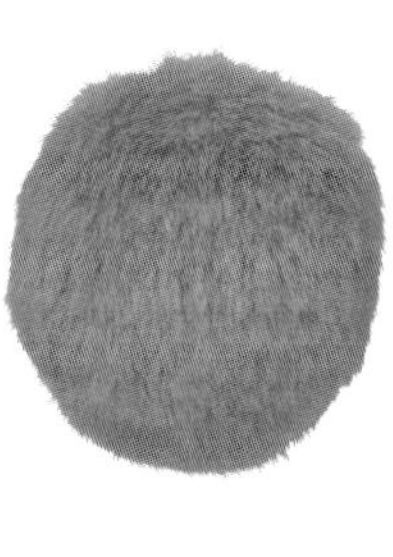

p.16

PINK!TREE

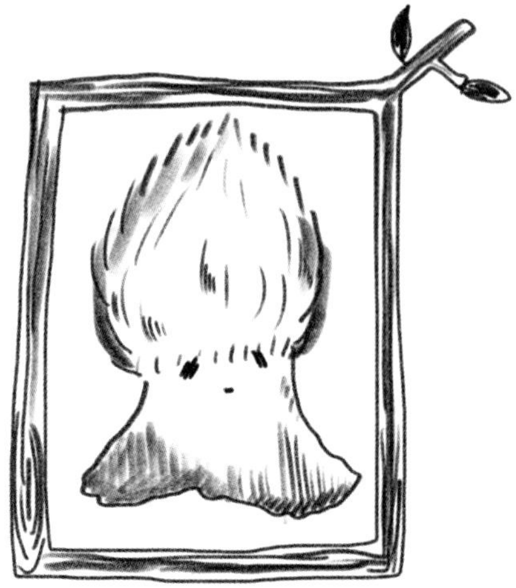

◎ 材料

フェイクファー…毛足約2cmのピンク20.5×9cm
毛足約0.5cmの茶22×9cm
リボン…好みの幅で50cm程度
25番刺しゅう糸…ブルー、赤
手芸わた

◎ 顔の刺しゅう　p.37参照
目（ブルー）…A　口（赤）…C

◎ 作り方

1. p.30～の「眠そうなコアラ」1～9と同様に本体を作る。切込みの位置は下図参照。
※耳のパーツはない。

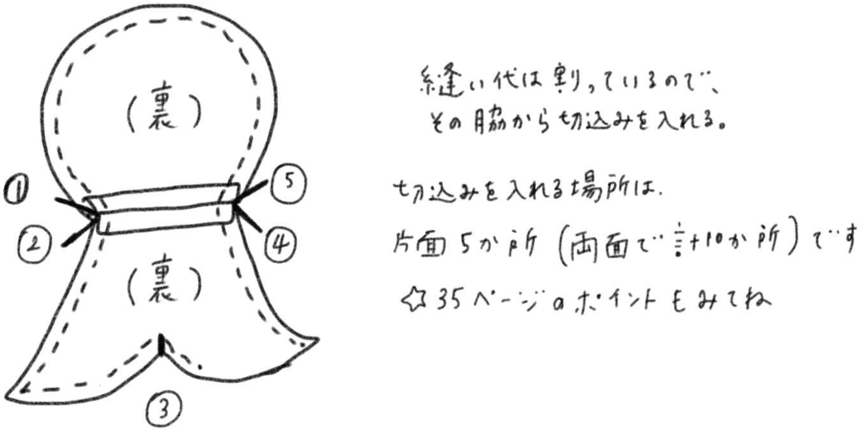
（裏）
（裏）
①
②
③
④
⑤
縫い代は割っているので、
その脇から切込みを入れる。
切込みを入れる場所は、
片面5か所（両面で計10か所）です
☆35ページのポイントもみてね

2. 「眠そうなコアラ」12～19と同様に作り、仕上げをする。

◎ 型紙の置き方例

フェイクファー（ピンク）

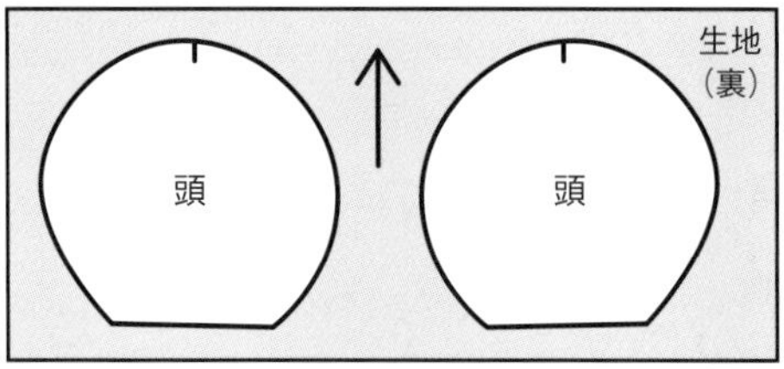
生地
（裏）
頭
頭

フェイクファー（茶）

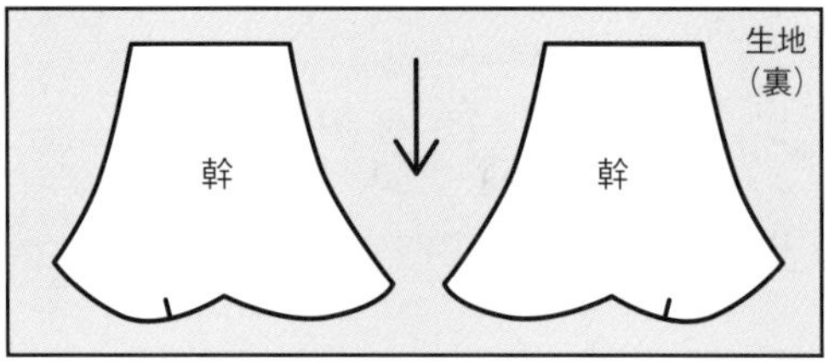
生地
（裏）
幹
幹

実物大型紙

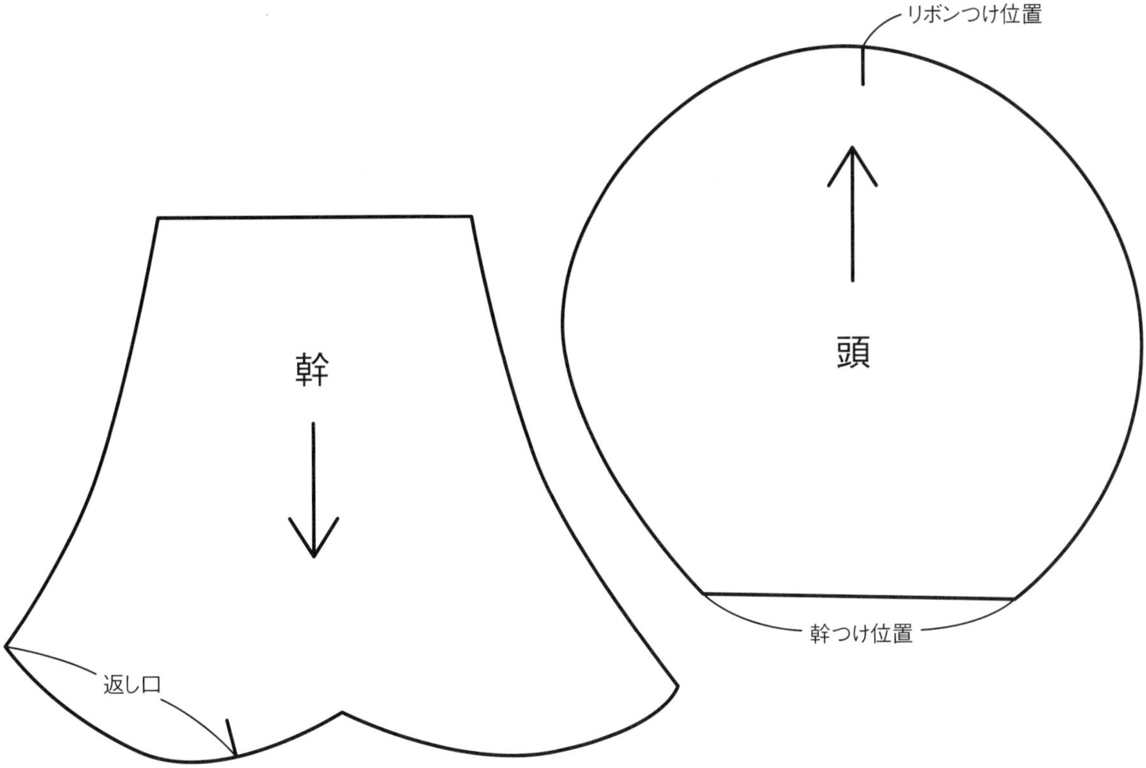
リボンつけ位置
幹
頭
幹つけ位置
返し口

前

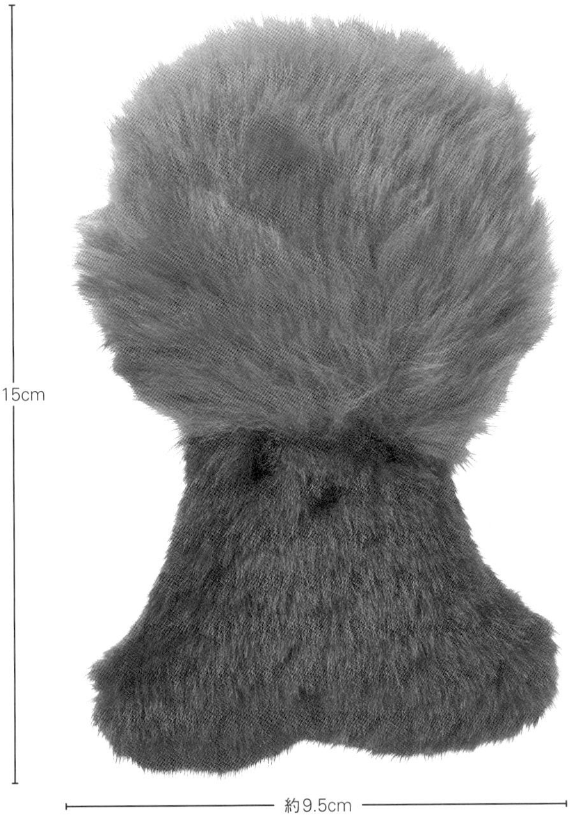
約15cm
約9.5cm

後ろ

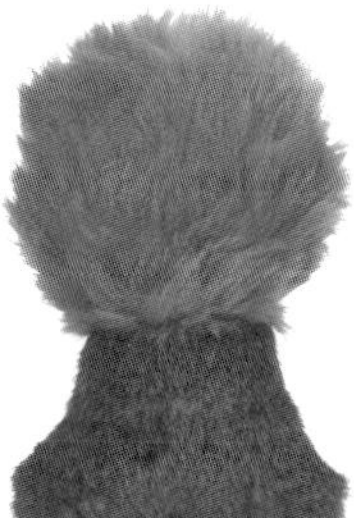

p.17

お庭の木

◎ 材料
毛足約3cmのフェイクファー…グリーン23.5×11cm
ボア…こげ茶15×7.5cm
リボン…好みの幅で50cm程度
25番刺しゅう糸…黒、赤
手芸わた

◎ 顔の刺しゅう　p.37参照
目（黒）…A　口（赤）…C

◎ 作り方

1. p.30～の「眠そうなコアラ」1～9と同様に本体を作る。切込みの位置は下図参照。
※耳のパーツはない。

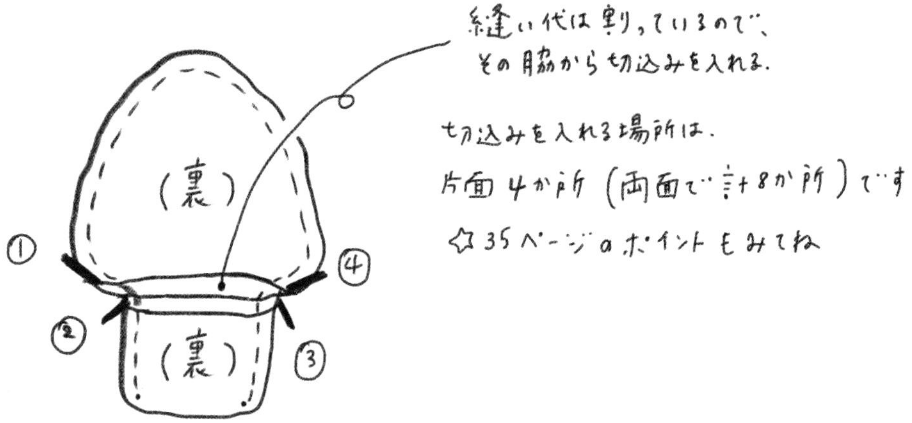
縫い代は割っているので、その脇から切込みを入れる。
切込みを入れる場所は、片面4か所（両面で計8か所）です
☆35ページのポイントもみてね
①
②
③
④
（裏）
（裏）

2. 「眠そうなコアラ」12～19と同様に作り、仕上げをする。

◎ 型紙の置き方例

フェイクファー（グリーン）

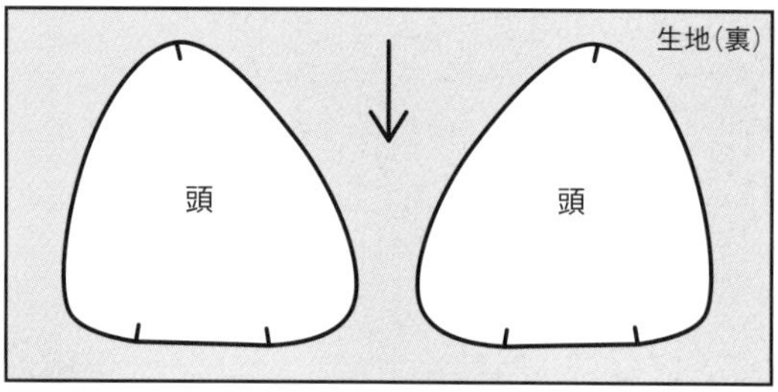
生地（裏）
頭
頭

ボア（こげ茶）

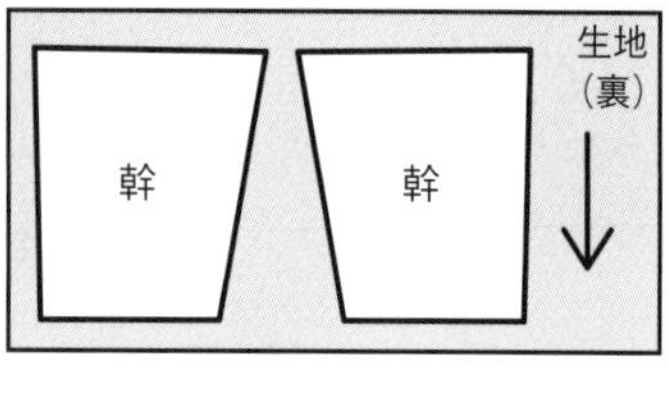
生地（裏）
幹
幹

実物大型紙

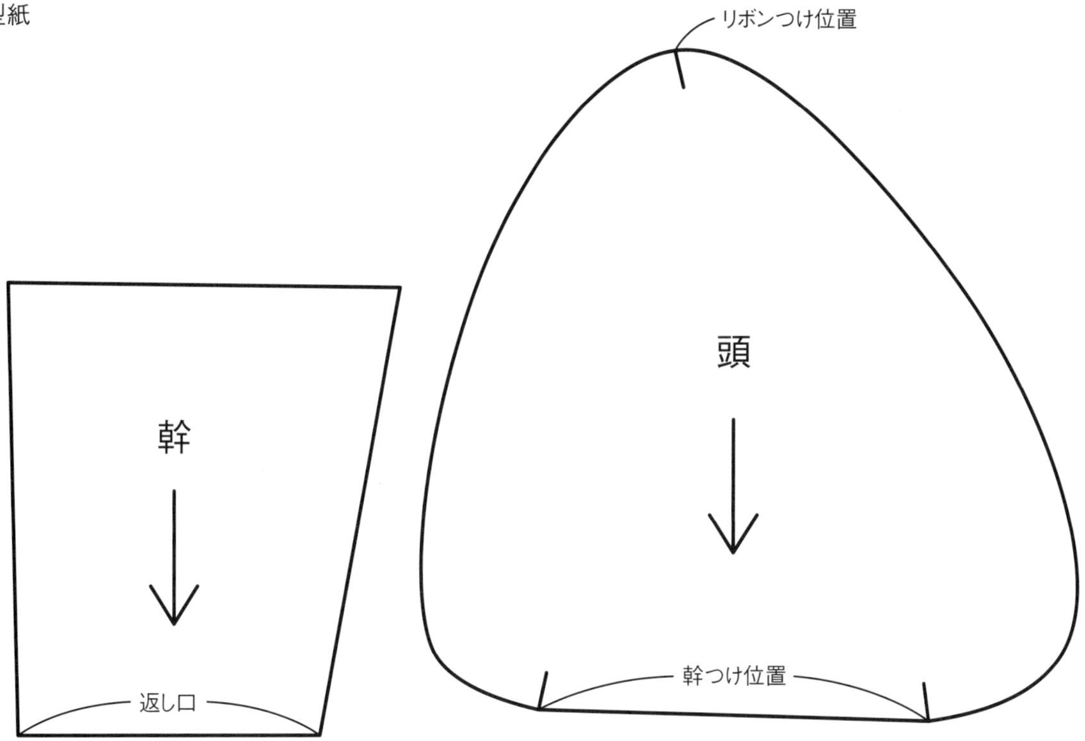
リボンつけ位置
頭
幹
返し口
幹つけ位置

前

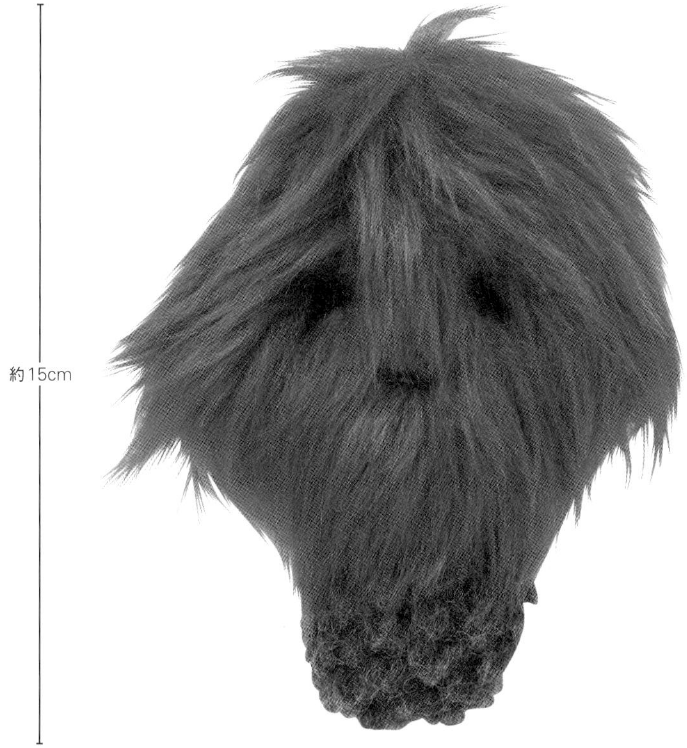
約15cm
約9cm

後ろ

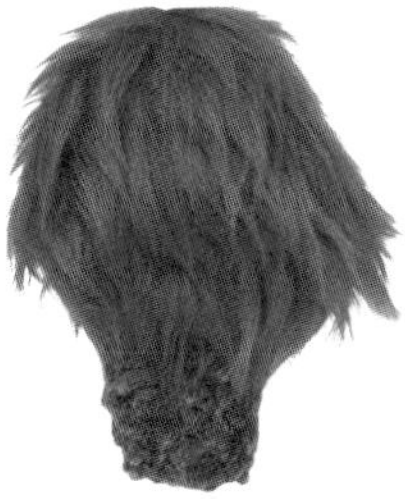

p.18

チョコねこ

◎ 材料

毛足約2cmのフェイクファー…茶25.5×10.5cm
リボン…好みの幅で50cm程度
25番刺しゅう糸…水色、黄色、黒
手芸わた

◎ 顔の刺しゅう　p.37参照

目（水色）…A　鼻（黄色）…C　口（黒）…C

◎ 作り方

1. p.29を参照して本体をカットする。

2. p.30「眠そうなコアラ」4と同様に本体を中表に合わせ、
リボンをはさんでしつけをする。その後、本返し縫いをして、しつけ糸を取る。

3. 片面ずつ切込みを入れる。

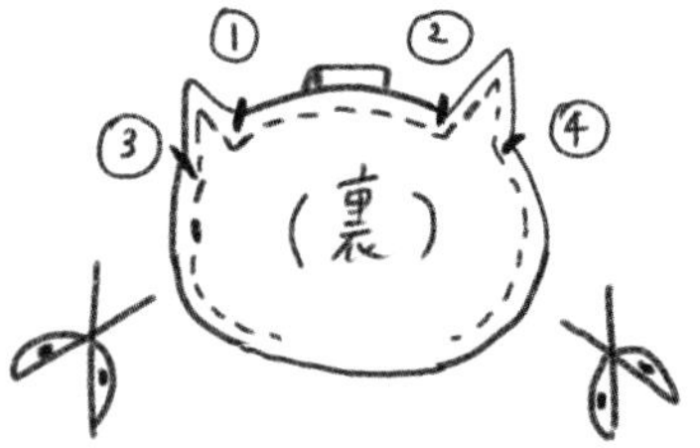

切込みを入れる場所は
片面4か所（両面で計8か所）です
☆35ページのポイントもみてね

4.「眠そうなコアラ」6～9、12～19と同様に作り、仕上げをする。

◎ 型紙の置き方例

フェイクファー（茶）

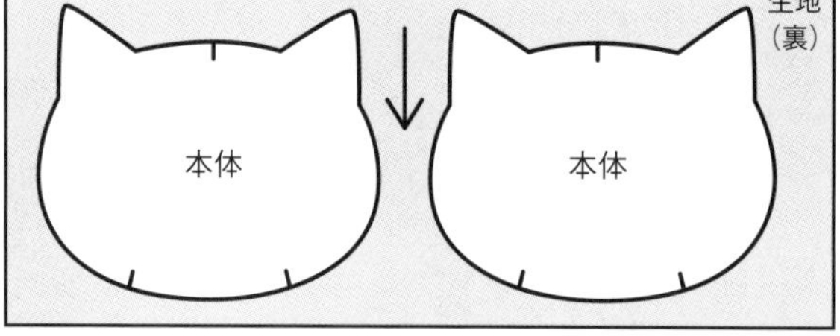

実物大型紙

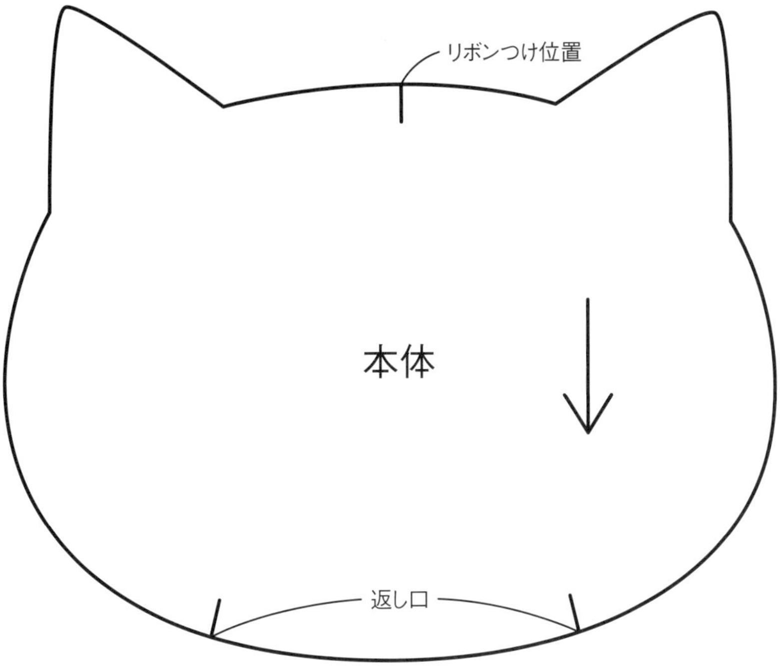
リボンつけ位置
本体
返し口

前

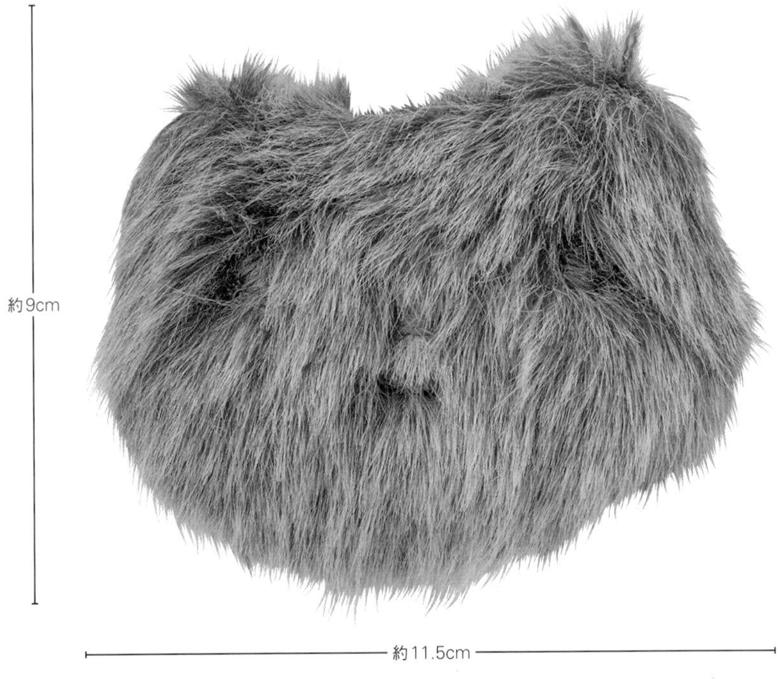
約9cm
約11.5cm

後ろ

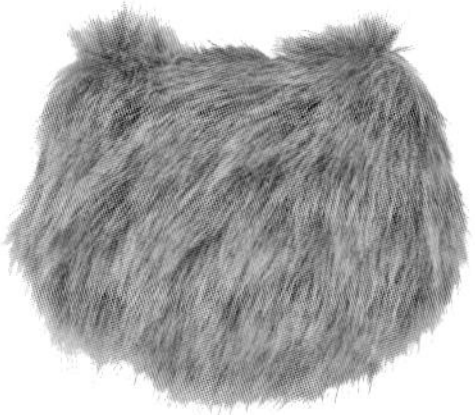

p.18

モカくま

◎ 材料
毛足約2cmのフェイクファー…茶25×10cm
リボン…好みの幅で50cm程度
25番刺しゅう糸…黒、深いブルー
手芸わた

◎ 顔の刺しゅう　p.37参照
目(黒)…B　鼻(深いブルー)…C　口(黒)…C

◎ 作り方

1. p.29を参照して本体をカットする。

2. p.30「眠そうなコアラ」4と同様に本体を中表に合わせ、
リボンをはさんでしつけをする。その後、本返し縫いをして、しつけ糸を取る。

3. 片面ずつ切込みを入れる。

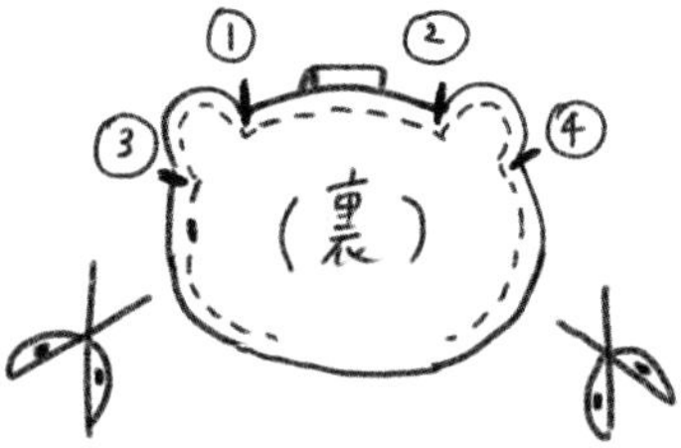

切込みを入れる場所は
片面4か所（両面で計8か所）です
☆35ページのポイントもみてね

4. 「眠そうなコアラ」6～9、12～19と同様に作り、仕上げをする。

◎ 型紙の置き方例
フェイクファー(茶)

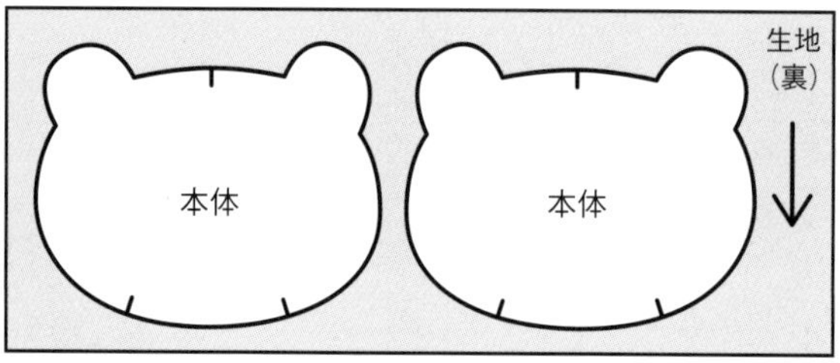

実物大型紙

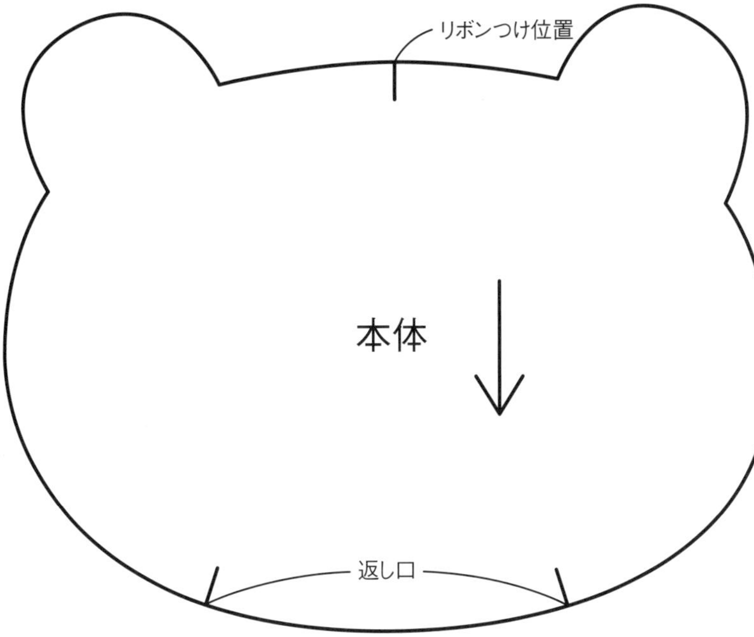
リボンつけ位置
本体
返し口

前

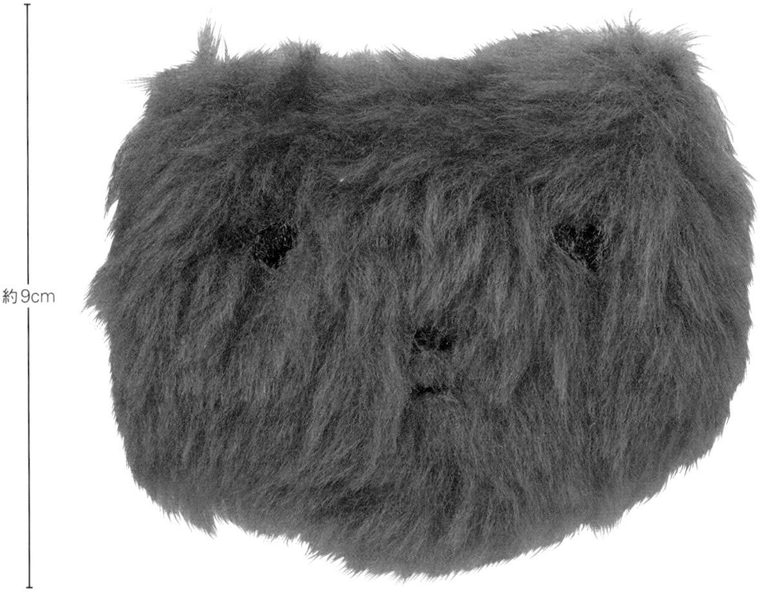
約9cm
約11.5cm

後ろ

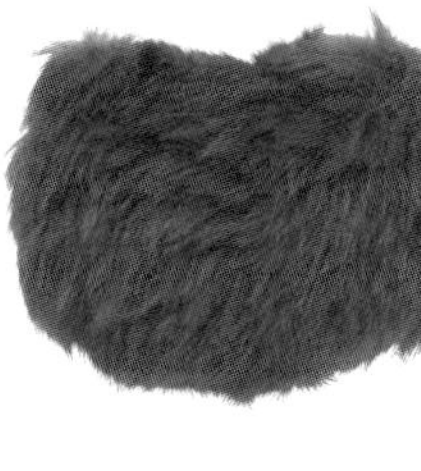

p.18

もしゃコアラ

◎ 材料
毛足約2cmのフェイクファー…グレー31×10cm
リボン…好みの幅で50cm程度
25番刺しゅう糸…黒
手芸わた

◎ 顔の刺しゅう　p.37参照
目(黒)…B　鼻(黒)…C　口(黒)…C

◎ 作り方

1. p.29を参照して本体をカットする。

2. p.30「眠そうなコアラ」4と同様に本体を中表に合わせ、
リボンをはさんでしつけをする。その後、本返し縫いをして、しつけ糸を取る。

3. 片面ずつ切込みを入れる。

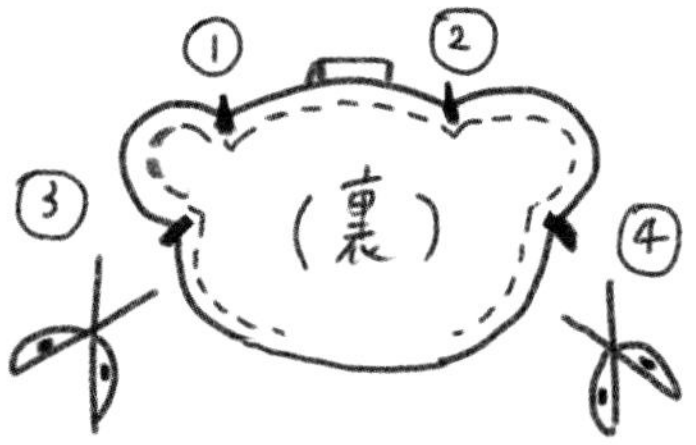

切込みを入れる場所は
片面4か所(両面で計8か所)です
☆35ページのポイントもみてね

4. 「眠そうなコアラ」6～9、12～19と同様に作り、仕上げをする。

◎ 型紙の置き方例
フェイクファー(グレー)

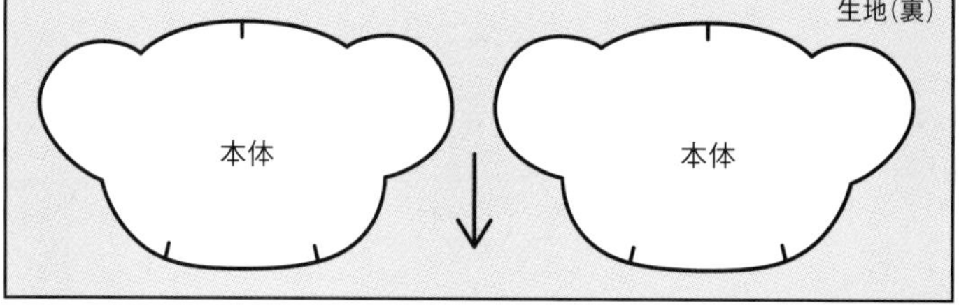

実物大型紙

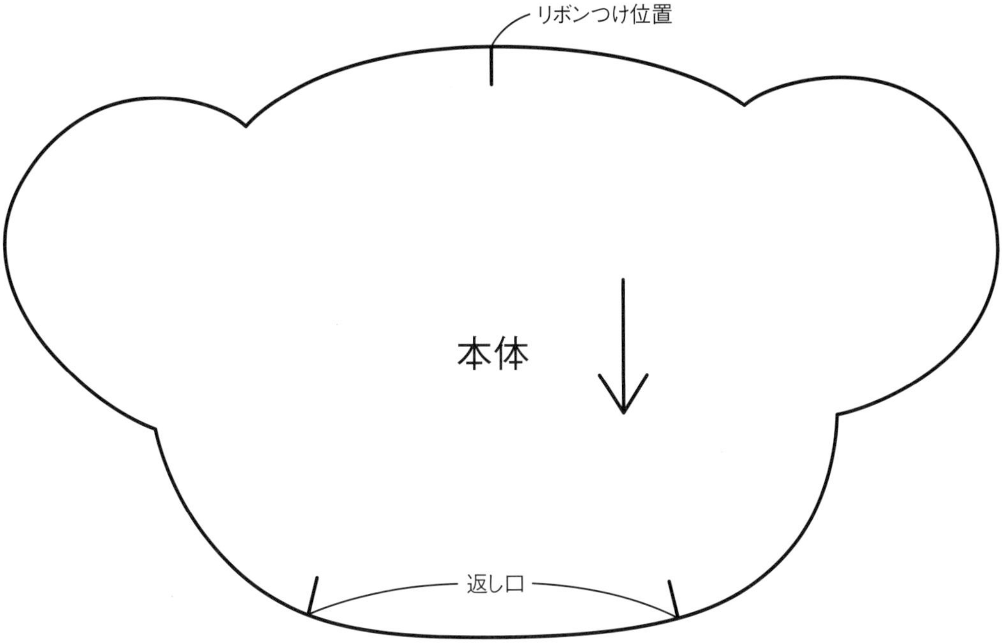
リボンつけ位置
本体
返し口

前

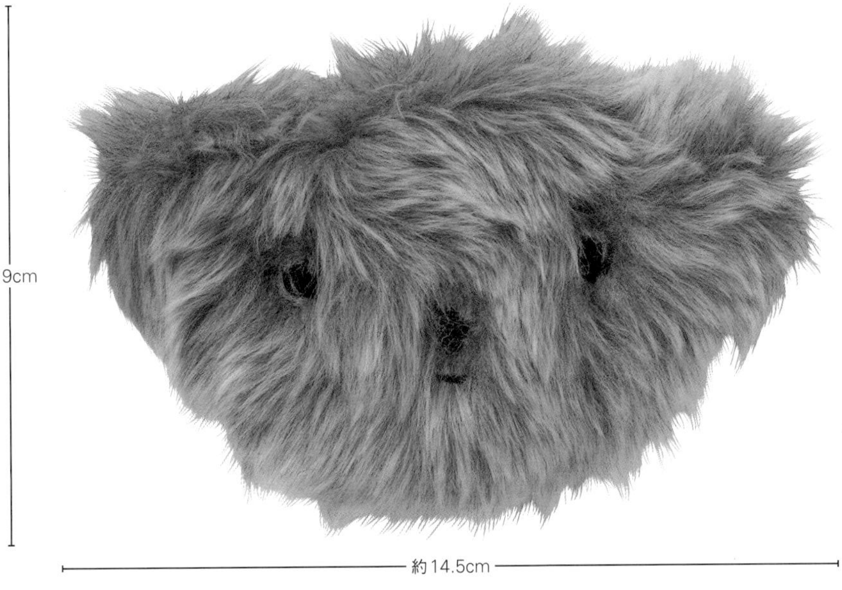
約9cm
約14.5cm

後ろ

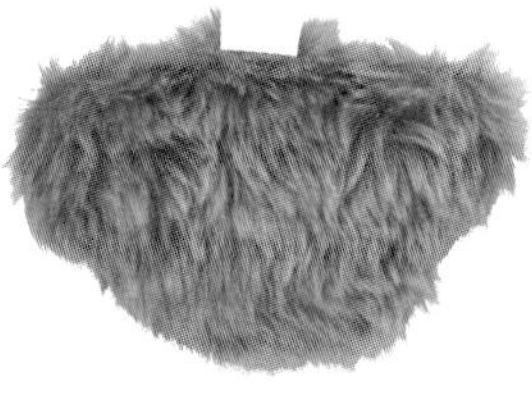

p.19

ミルクうさぎ

◎ 材料
毛足約3cmのフェイクファー…白24.5×15cm
リボン…好みの幅で50cm程度
25番刺しゅう糸…赤、くすみピンク、黒
手芸わた

◎ 顔の刺しゅう　p.37参照
目(赤)…B　鼻(くすみピンク)…C　口(黒)…C

◎ 作り方

1. p.29を参照して本体をカットする。

2. p.30「眠そうなコアラ」4と同様に本体を中表に合わせ、
リボンをはさんでしつけをする。その後、本返し縫いをして、しつけ糸を取る。

3. 片面ずつ切込みを入れる。

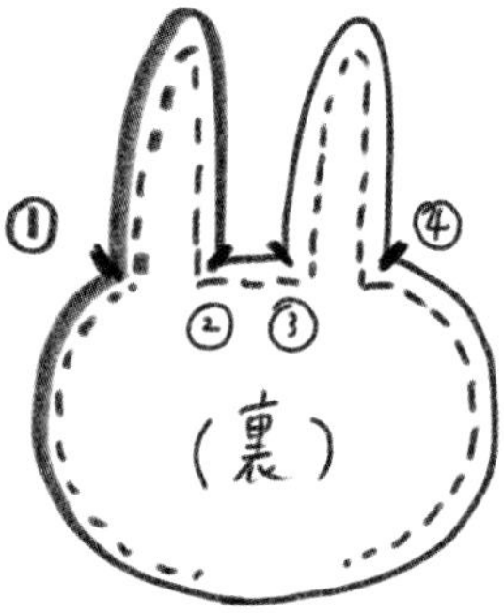

切込みを入れる場所は
片面4か所（両面で計8か所）です
☆35ページのポイントもみてね

4. 「眠そうなコアラ」6～9、12～19と同様に作り、仕上げをする。

◎ 型紙の置き方例
フェイクファー(白)

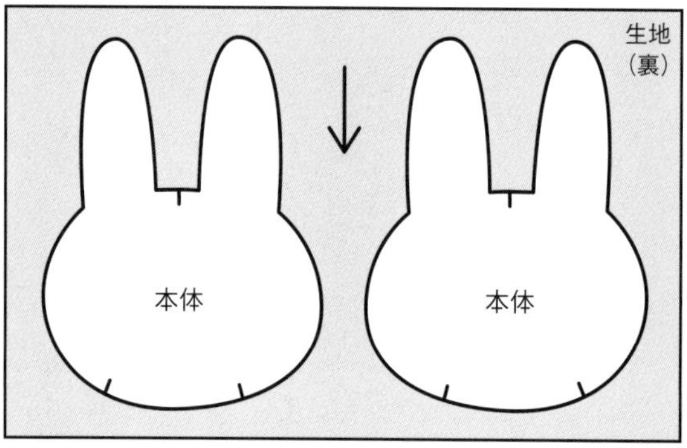

実物大型紙

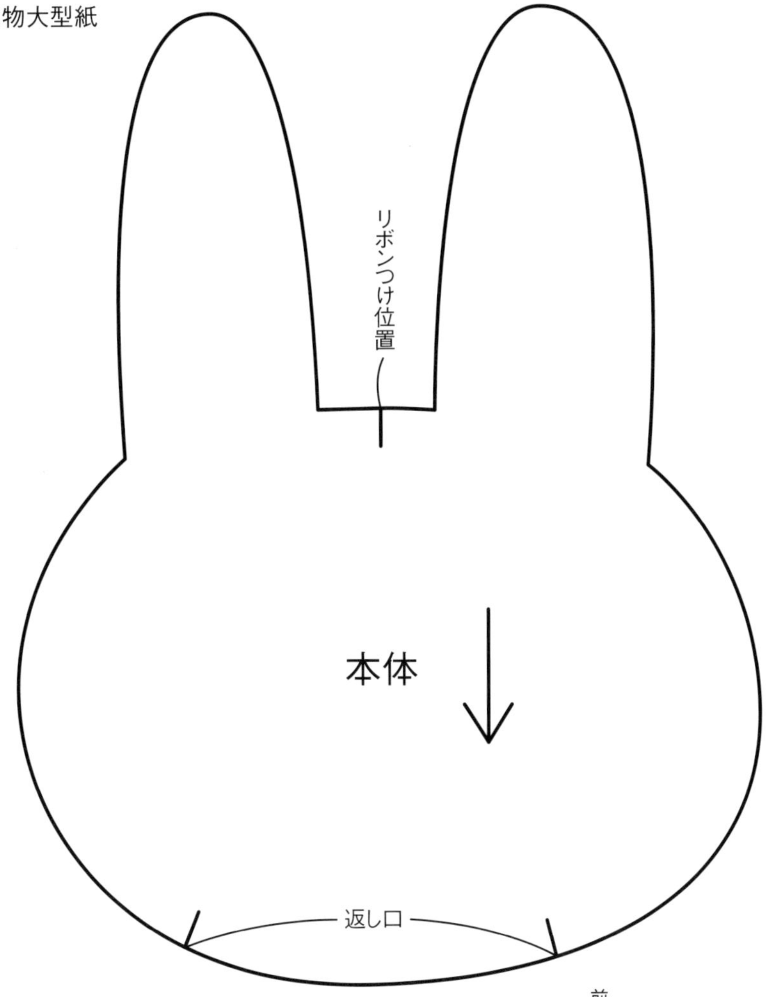

リボンつけ位置
本体
返し口

前

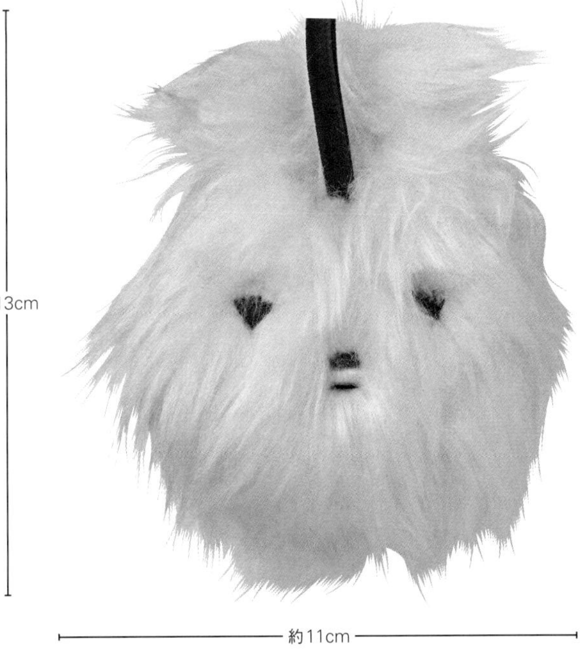

約13cm
約11cm

後ろ

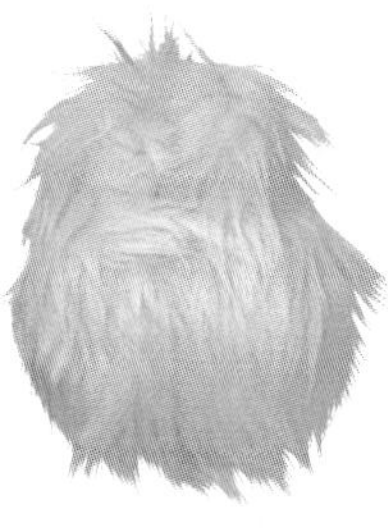

p.22

くもじぃ

◎ 材料
毛足約4cmのフェイクファー…白31×11cm
リボン…好みの幅で50cm程度
25番刺しゅう糸…黒、ブルー
手芸わた

◎ 顔の刺しゅう　p.37参照
目（黒）…A　口（ブルー）…F

◎ 作り方

1. p.29を参照して本体をカットする。

2. p.30「眠そうなコアラ」4と同様に本体を中表に合わせ、
リボンをはさんでしつけをする。その後、本返し縫いをして、しつけ糸を取る。

3. 片面ずつ切込みを入れる。

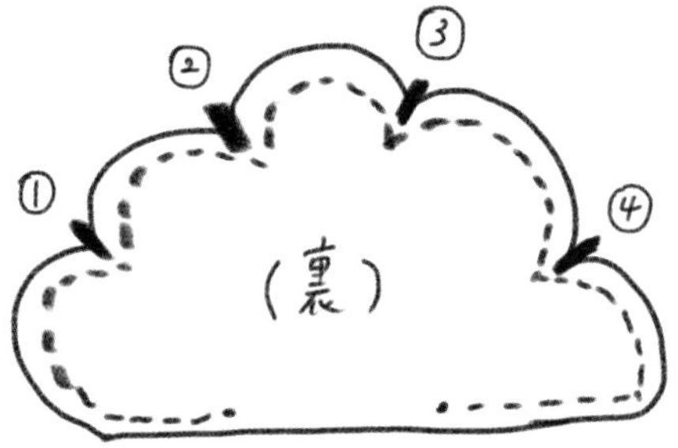

切込みを入れる場所は
片面4か所（両面で計8か所）です
☆35ページのポイントもみてね

4. 「眠そうなコアラ」6～9、12～19と同様に作り、仕上げをする。

◎ 型紙の置き方例
フェイクファー（白）

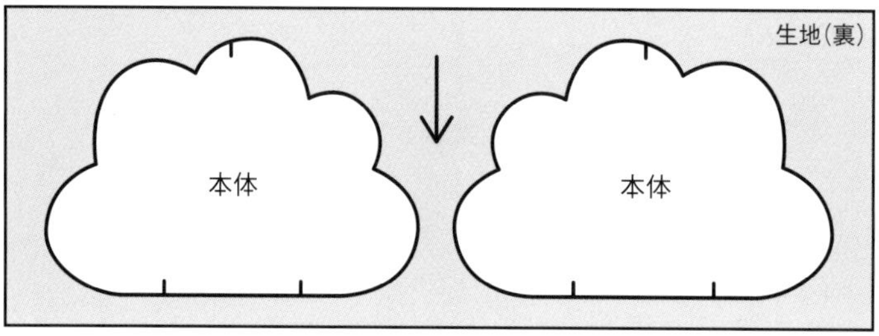

実物大型紙

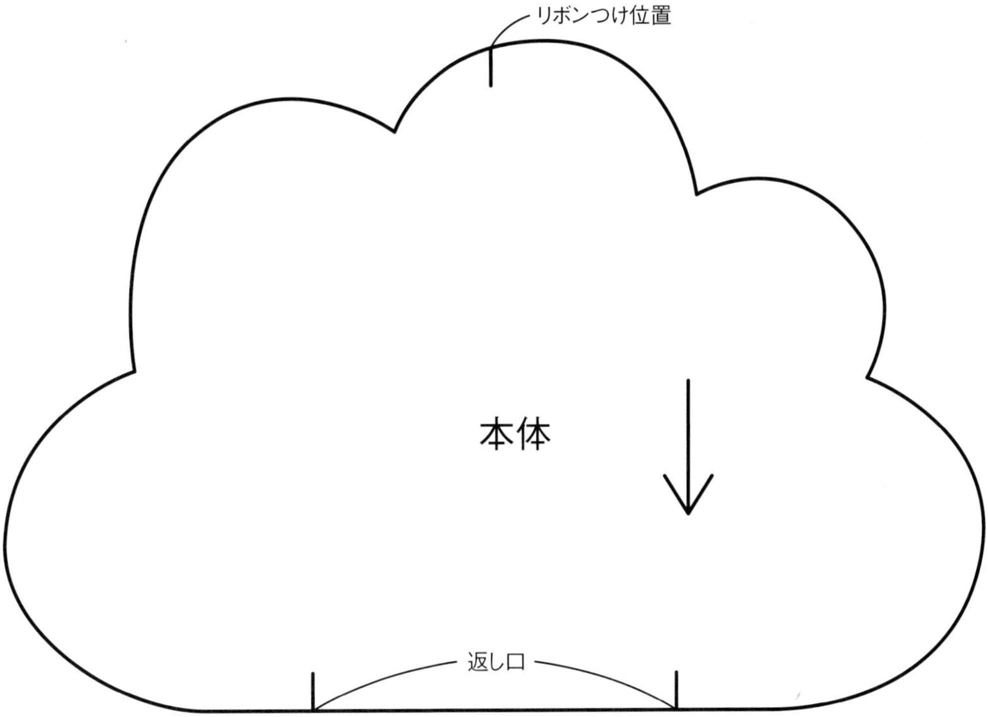
リボンつけ位置
本体
返し口

前

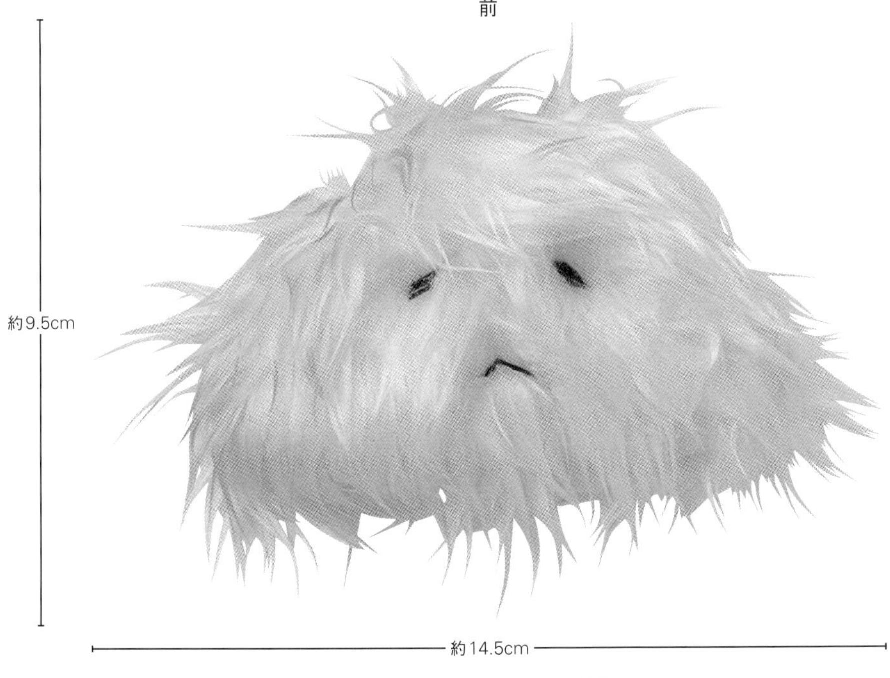
約9.5cm
約14.5cm

後ろ

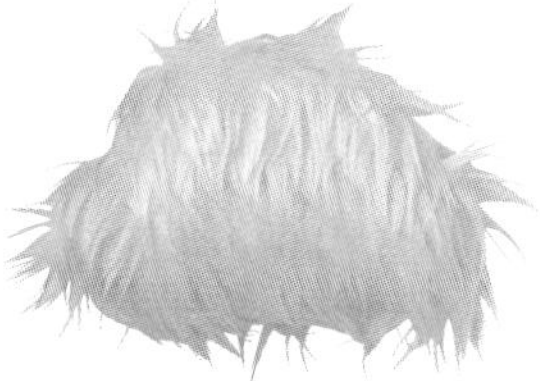

p.23

FLOWER

◎ 材料

コットン…赤22.5×10cm
毛足約0.5cmのフェイクファー…グリーン22×9cm
リボン…好みの幅で50cm程度
25番刺しゅう糸…薄紫、レモン色
手芸わた

◎ 顔の刺しゅう　p.37参照
目(レモン色)…B　まつ毛(薄紫)…E
鼻(薄紫)…H　口(レモン色)…H

◎ 作り方

1. p.29を参照して本体をカットする。

2. 花の部分、茎と葉っぱの部分を
それぞれ中表に合わせてしつけをする。
その後、本返し縫いをして、しつけ糸を取る。

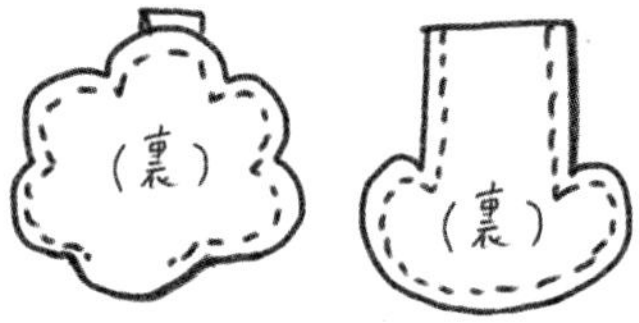

※花のほうにはリボンをはさむのを
忘れずに！

3. 片面ずつ切込みを入れる。

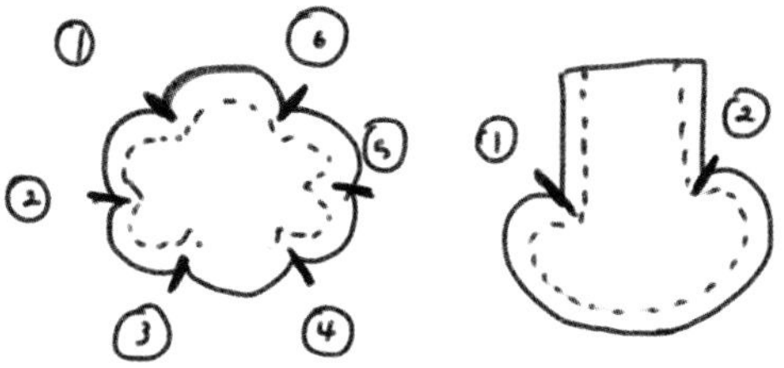

※35ページのポイント参照

4. それぞれ表に返し、わたを詰め、返し口をとじる。
p.30～の「眠そうなコアラ」6～9参照。

5. 花と茎、葉っぱを
つなぎ合わせる。

つなぎ合せ方に決まりはありませんが、
p.34のまつり縫い参照。

6. 「眠そうなコアラ」12～16と同様に
顔を刺しゅうし、17～19と同様に
仕上げをする。

◎ 型紙の置き方例

コットン(赤)

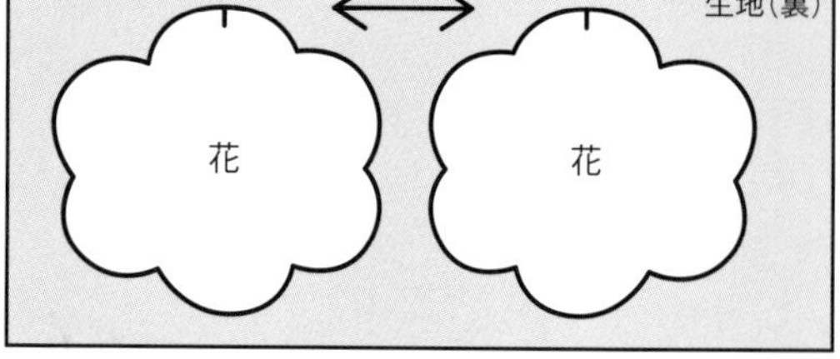

フェイクファー(グリーン)

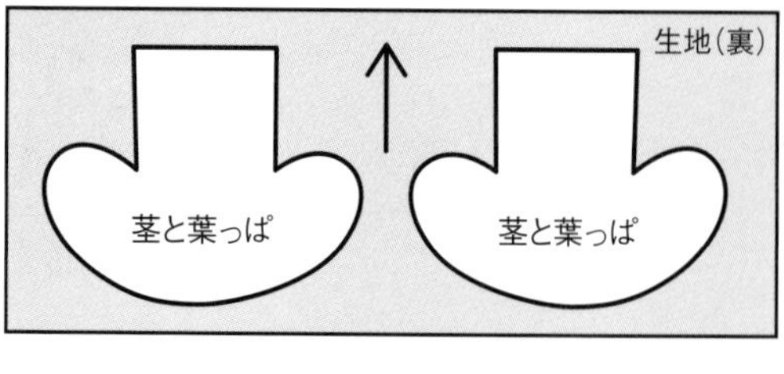

実物大型紙

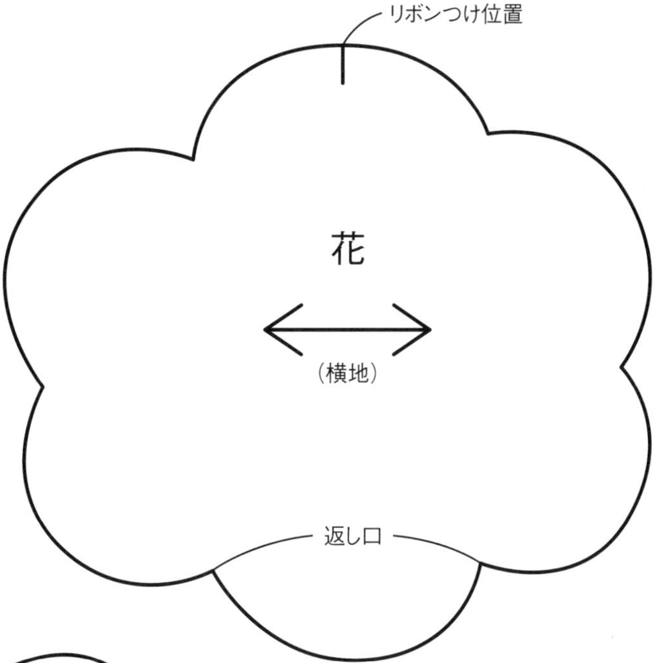
リボンつけ位置
花
（横地）
返し口

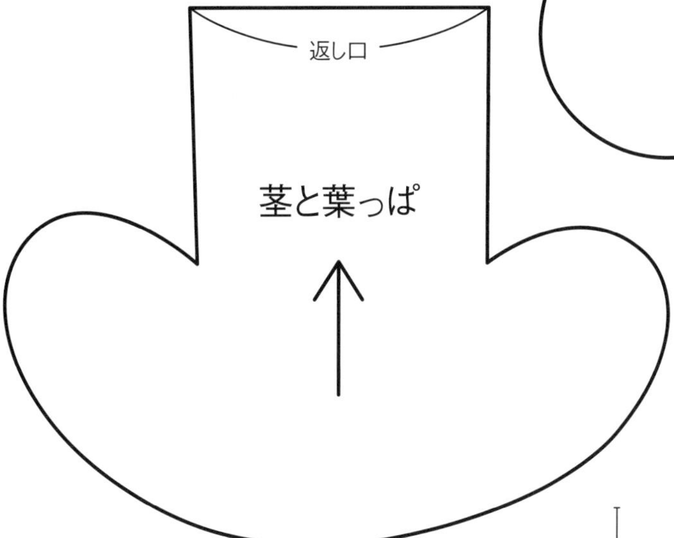
返し口
茎と葉っぱ

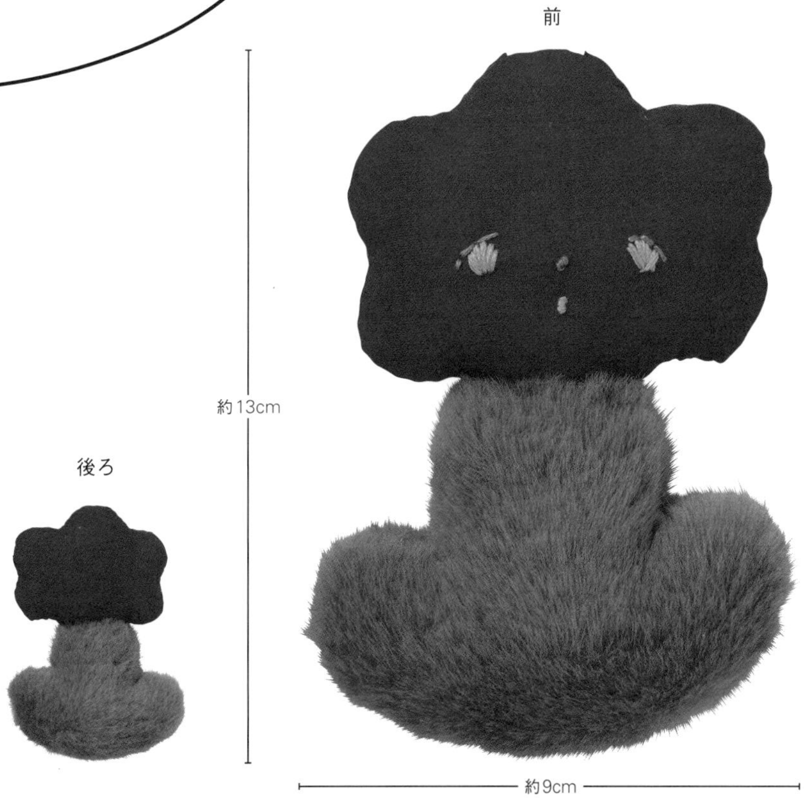
前
後ろ
約13cm
約9cm

p.24

アトリエの黒猫

◎ 材料
ボア…黒26×12.5cm
リボン…好みの幅で50cm程度
25番刺しゅう糸…薄紫、茶、赤
リネンの刺しゅう糸…茶
手芸わた

◎ 顔の刺しゅう　p.37参照
目（薄紫）…B　鼻（茶）…C　口（赤）…H

◎ 作り方

1. p.29を参照して本体をカットする。

2. p.30「眠そうなコアラ」4と同様に本体を中表に合わせ、
リボンをはさんでしつけをする。その後、本返し縫いをして、しつけ糸を取る。

3. 片面ずつ切込みを入れる。

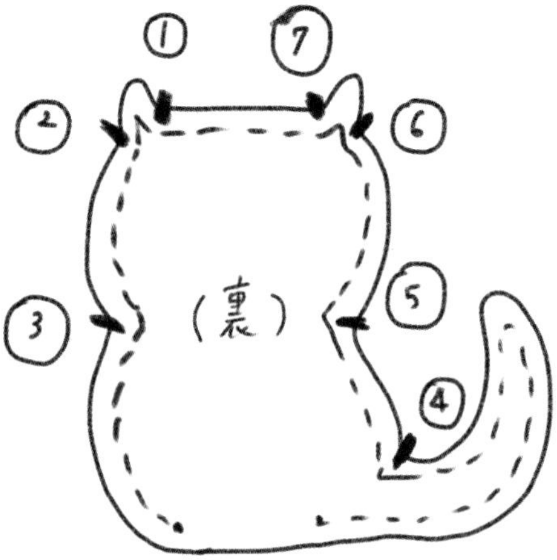

切込みを入れる場所は、
片面7か所（両面で計14か所）です
☆35ページのポイントもみてね

4. 「眠そうなコアラ」6～9、12～19と同様に作り、仕上げをする。

5. p.40の3を参照してリネンの刺しゅう糸でひげをつける。

◎ 型紙の置き方例
ボア（黒）

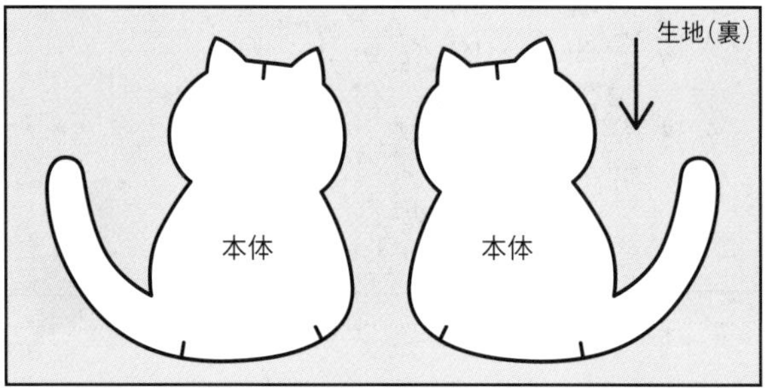

実物大型紙

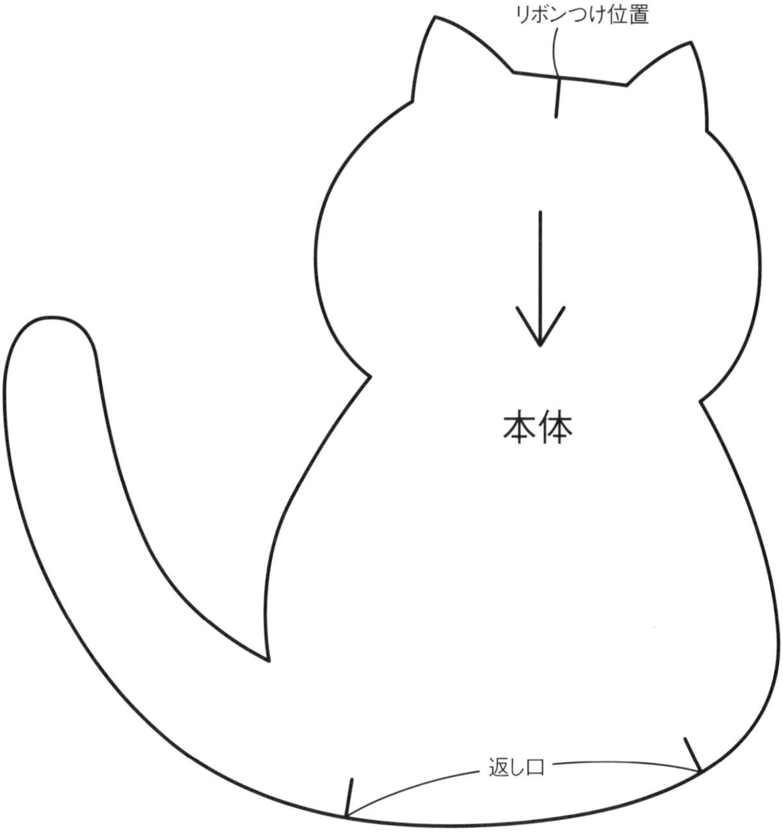
リボンつけ位置
本体
返し口

前

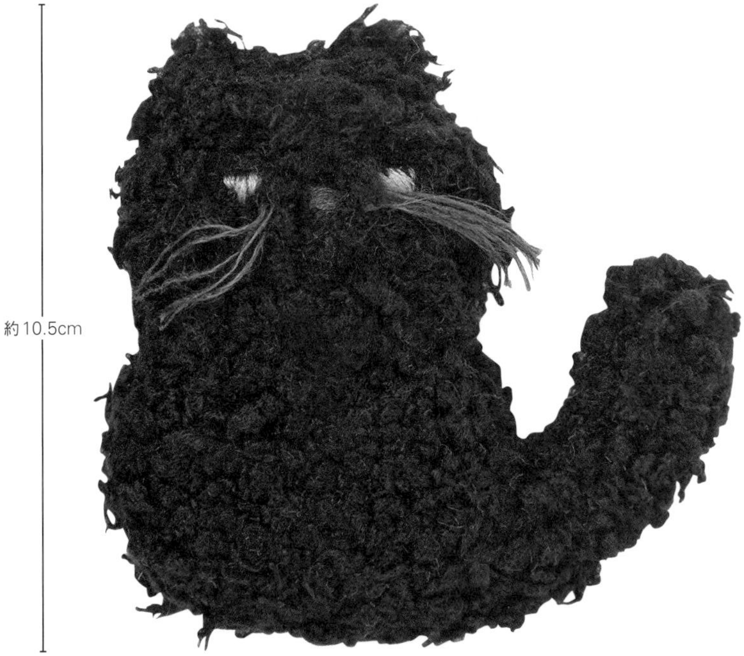
約10.5cm
約10.5cm

後ろ

p.25

R

◎ 材料

ボア（もこもこしたプードルのようなもの）…ベージュ32×12cm

リボン…好みの幅で50cm程度

25番刺しゅう糸…黒、赤

手芸わた

◎ 顔の刺しゅう　p.37参照

目（黒）…B　R（赤）…E

◎ 作り方

1. p.29を参照して
パーツをカットする。

2. p.30「眠そうなコアラ」4と同様に
本体を中表に合わせ、
リボンをはさんでしつけをする。
その後、本返し縫いをして、
しつけ糸を取る。

3. 片面ずつ切込みを入れる。

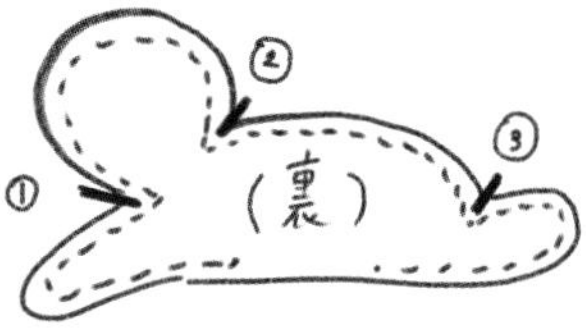

切込みを入れる場所は
片面3か所（両面で計6か所）です
☆35ページのポイントもみてね

4. 「眠そうなコアラ」6～19と
同様に作り、仕上げをする。

5. しっぽを作り、縫いつける。

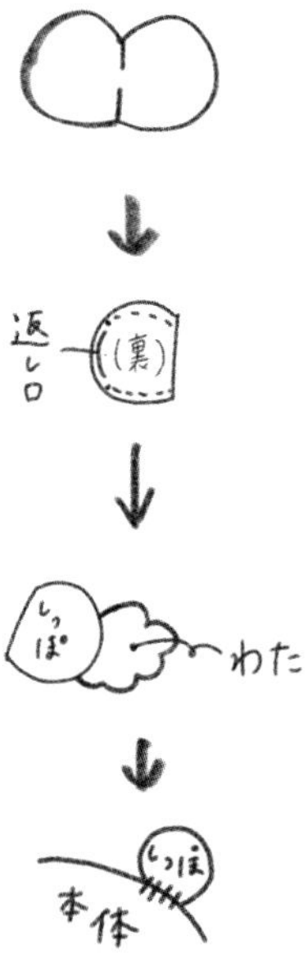

中表に折ってしつけ、本縫いをする。
※返し口を残す。

返し口から表に返して
わたを詰め、返し口をとじる。

本体に縫いつける。

6. Rを刺しゅうする。
刺しゅうのしかたは自由ですが、
p.37のEの刺しゅうでもできます。

◎ 型紙の置き方例

ボア（ベージュ）

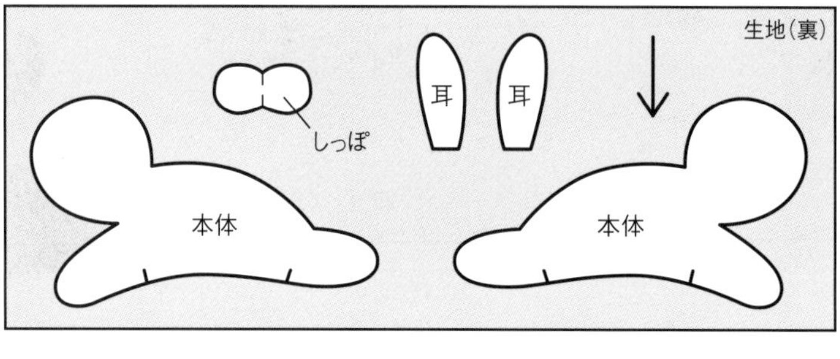

実物大型紙

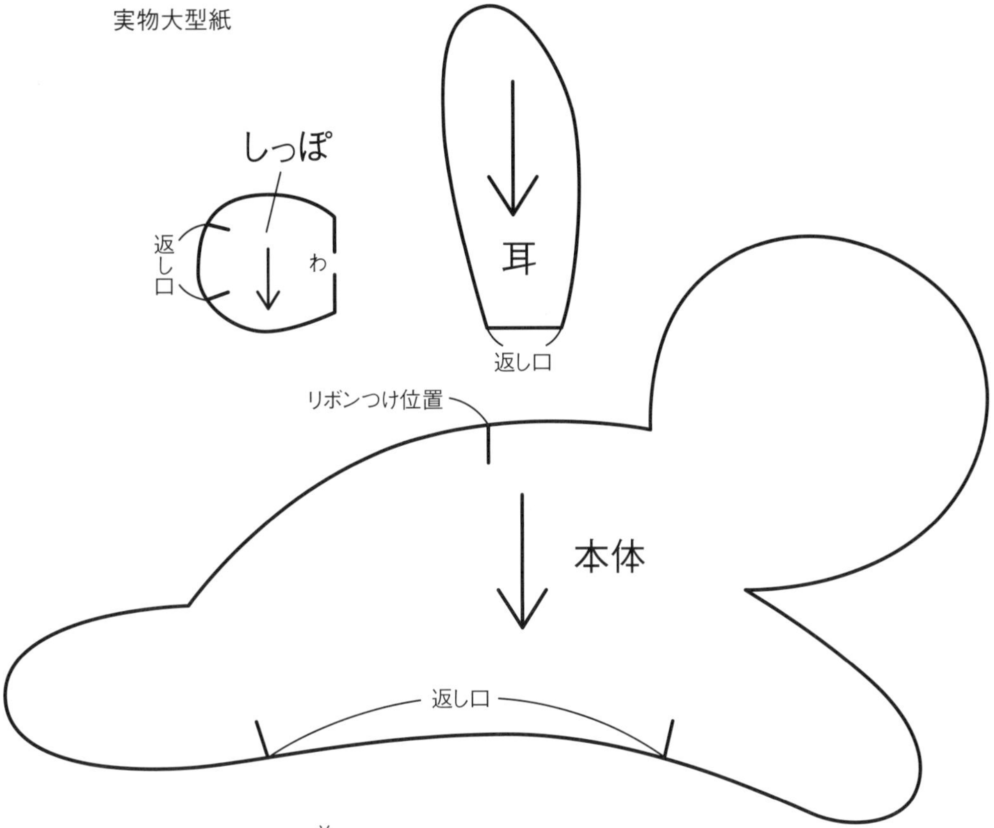
しっぽ
返し口
わ
耳
返し口
リボンつけ位置
本体
返し口

前

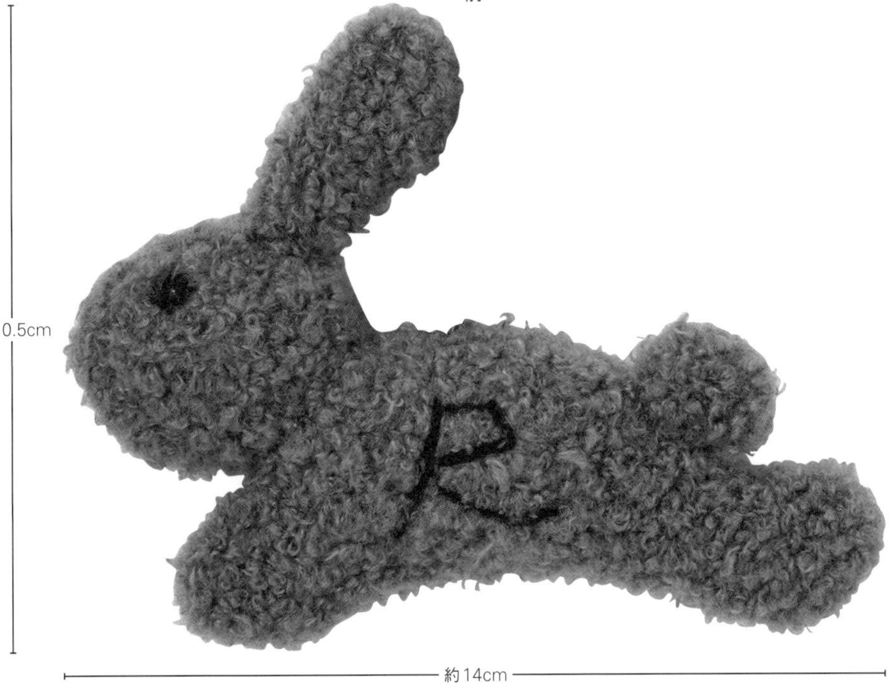
約10.5cm
約14cm

後ろ

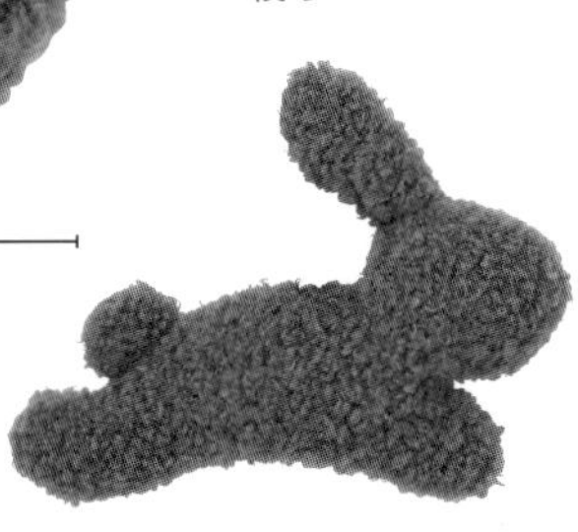

p.26

ふー

◎ 材料
もこもこのフリース…黄22×7.5cm
ニット地…オフホワイト19.5×8.5cm
リボン…好みの幅で50cm程度
25番刺しゅう糸…ブルー、グレー、赤
手芸わた

◎ 顔の刺しゅう p.37参照
目（ブルー）…A　鼻（グレー）…D　口（赤）…E
あご（グレー）…E

◎ 作り方

1. p.30～の「眠そうなコアラ」1～9と同様に作る。
切込みの位置は下図参照。
※耳のパーツはない。

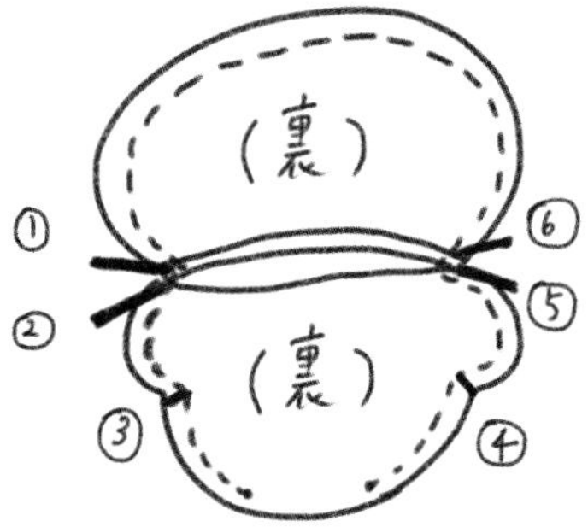

縫い代は割っているので、
その脇から切込みを入れる。

切込みを入れる場所は
片面6か所（両面で計12か所）です
☆35ページのポイントもみてね

2. 「眠そうなコアラ」12～16と同様に顔を刺しゅうし、
17～19と同様に仕上げをする。

◎ 型紙の置き方例

フリース（黄）

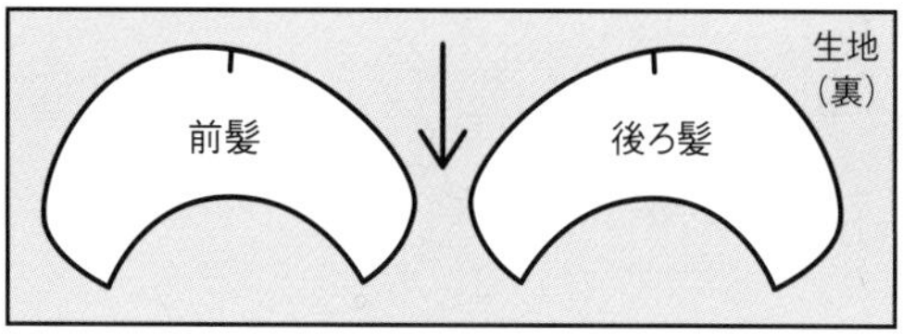

ニット地（オフホワイト）

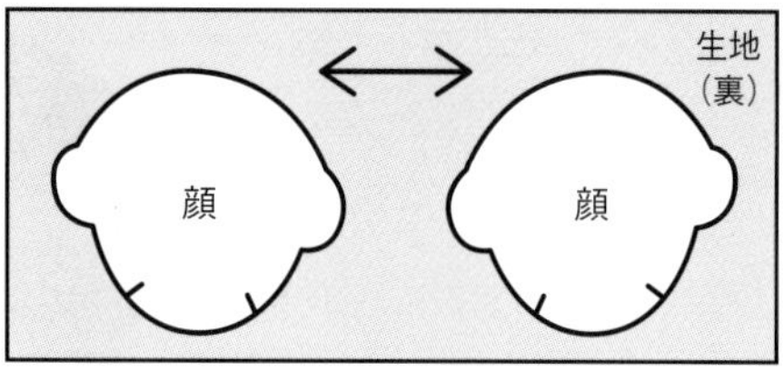

実物大型紙

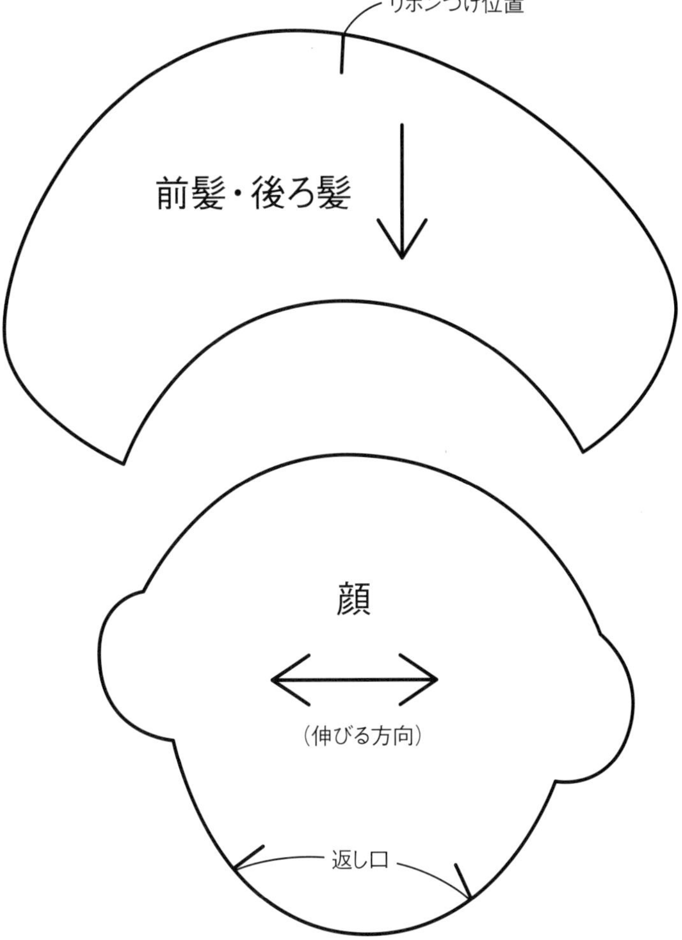

前

約9cm

約8.5cm

後ろ

p.26

ぽん

◎ 材料
太めのコーデュロイ…茶22×7.5cm
ニット地…オフホワイト17×9.5cm
リボン…好みの幅で50cm程度
25番刺しゅう糸…こげ茶、肌色、赤、黄土色
手芸わた

◎ 顔の刺しゅう　p.37参照
目(こげ茶)…B　鼻(肌色)…A　口(赤)…D
耳(黄土色)…E　ピアス(赤)…H

◎ 作り方

1. p.30～の「眠そうなコアラ」1～9と同様に作る。
切込みの位置は下図参照。
※耳のパーツはない。

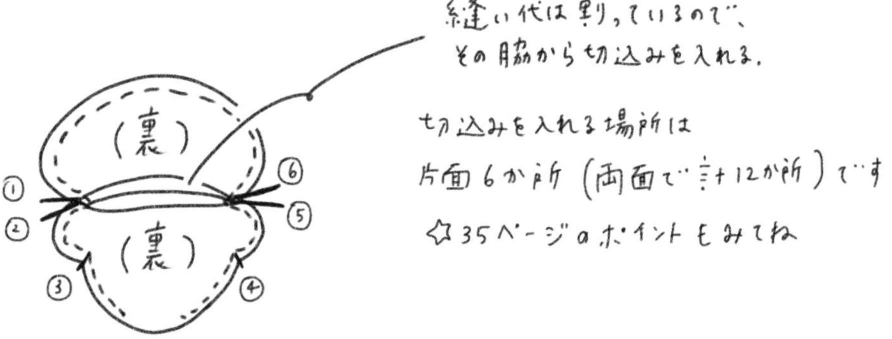

2. 「眠そうなコアラ」12～16と同様に顔を刺しゅうする。

3. ピアスと耳の部分を刺しゅうする。

◎ 型紙の置き方例

コーデュロイ(茶)

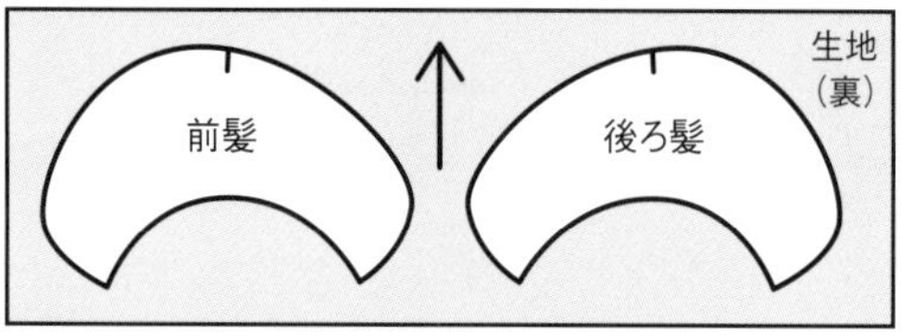

ニット地(オフホワイト)

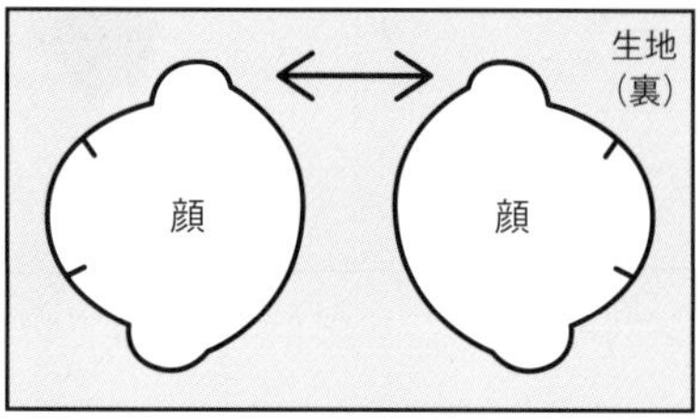

実物大型紙

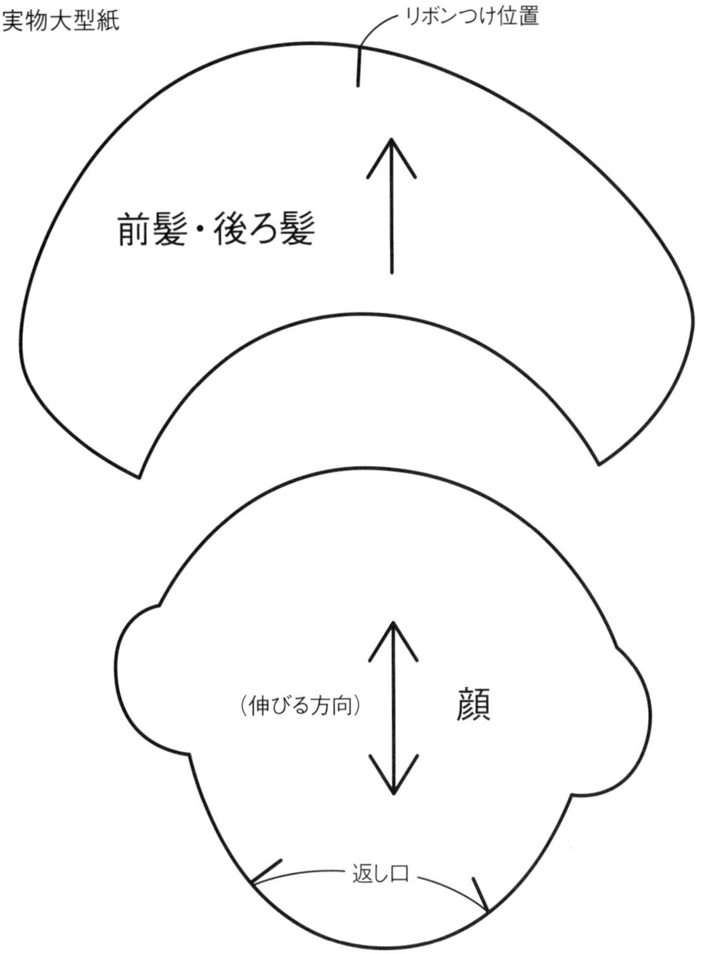
リボンつけ位置
前髪・後ろ髪
（伸びる方向）
顔
返し口

前

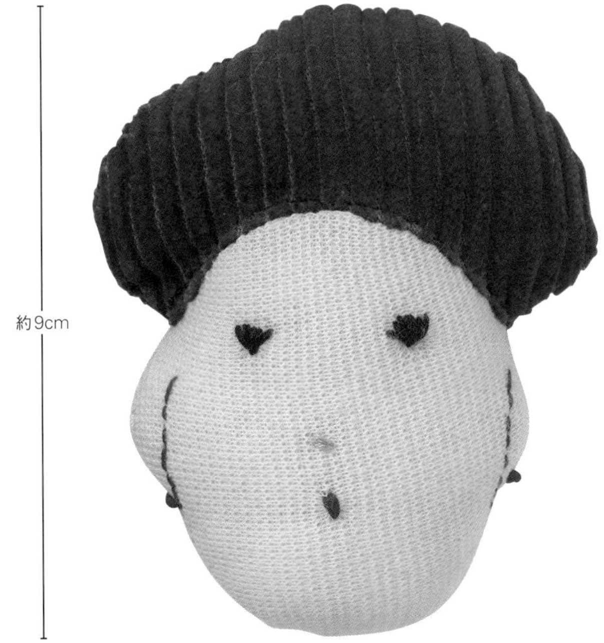
約9cm
約8.5cm

後ろ

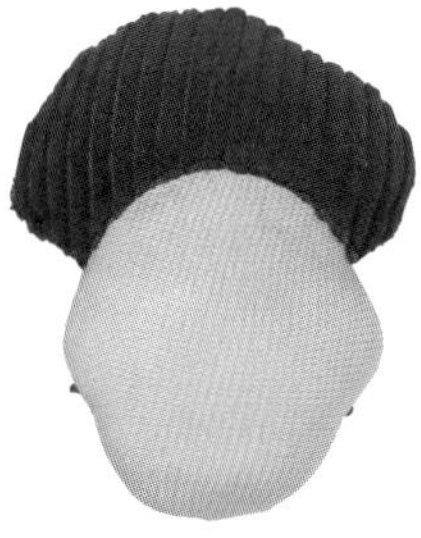

p.26

ぴー

◎ 材料
毛足約3cmのフェイクファー…水色18.5×8cm
ニット地…オフホワイト18.5×8cm
リボン…好みの幅で50cm程度
25番刺しゅう糸…黒、赤、ブルー
手芸わた

◎ 顔の刺しゅう　p.37参照
目（黒）…G　涙（ブルー）…E　鼻（黒）…F　口（赤）…E

◎ 作り方

1. p.29を参照してパーツをカットする。

2. 前髪を中表に合わせて
図のように縫う。

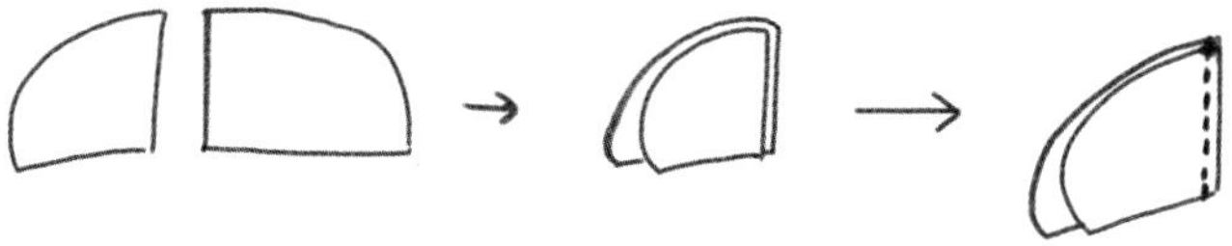

3. 前髪と顔、後ろ髪と後頭部を
それぞれしつけをする。
その後本返し縫いをして、
しつけ糸を取る。

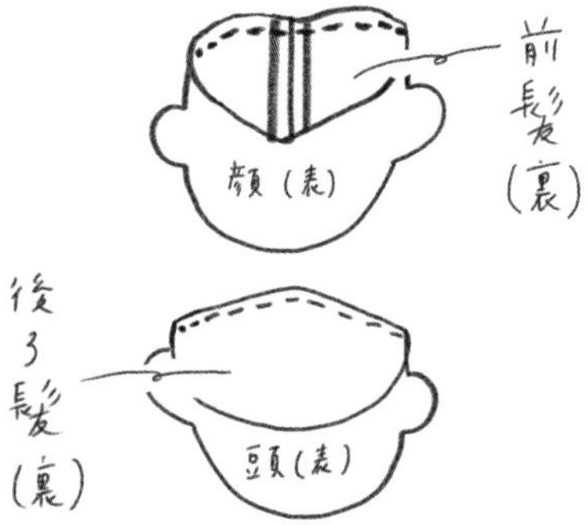

◎ 型紙の置き方例

フェイクファー（水色）

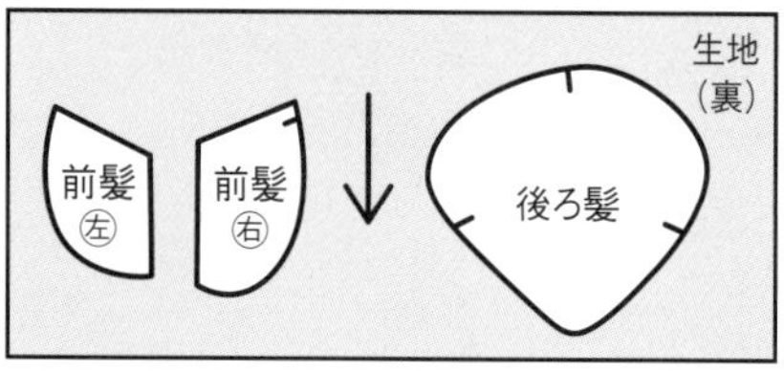

ニット地（オフホワイト）

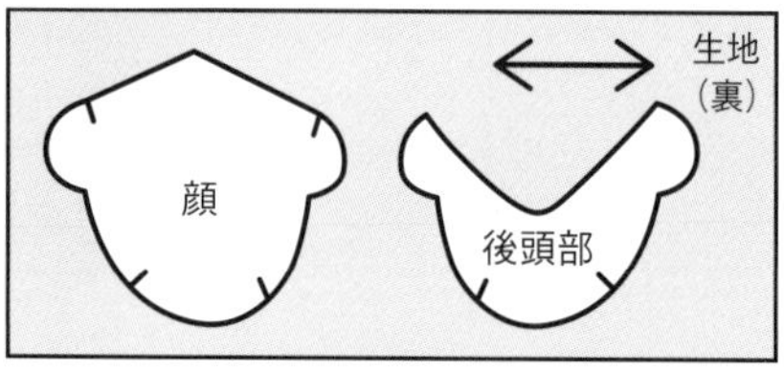

4. 3を中表に合わせてリボンをはさみ、
しつけをする。その後本返し縫いをして、
しつけ糸を取る。

5. 片面ずつ切込みを入れる。

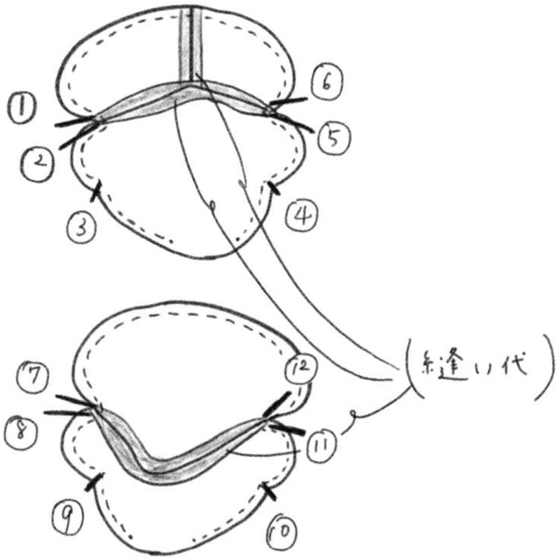

縫い代は割っているので、
その脇から切込みを入れる。

切込みを入れる場所は
片面6か所（両面で計12か所）です
☆35ページのポイントもみてね

6. p.30〜の「眠そうなコアラ」6〜9、
12〜19と同様に作り、仕上げをする。

実物大型紙

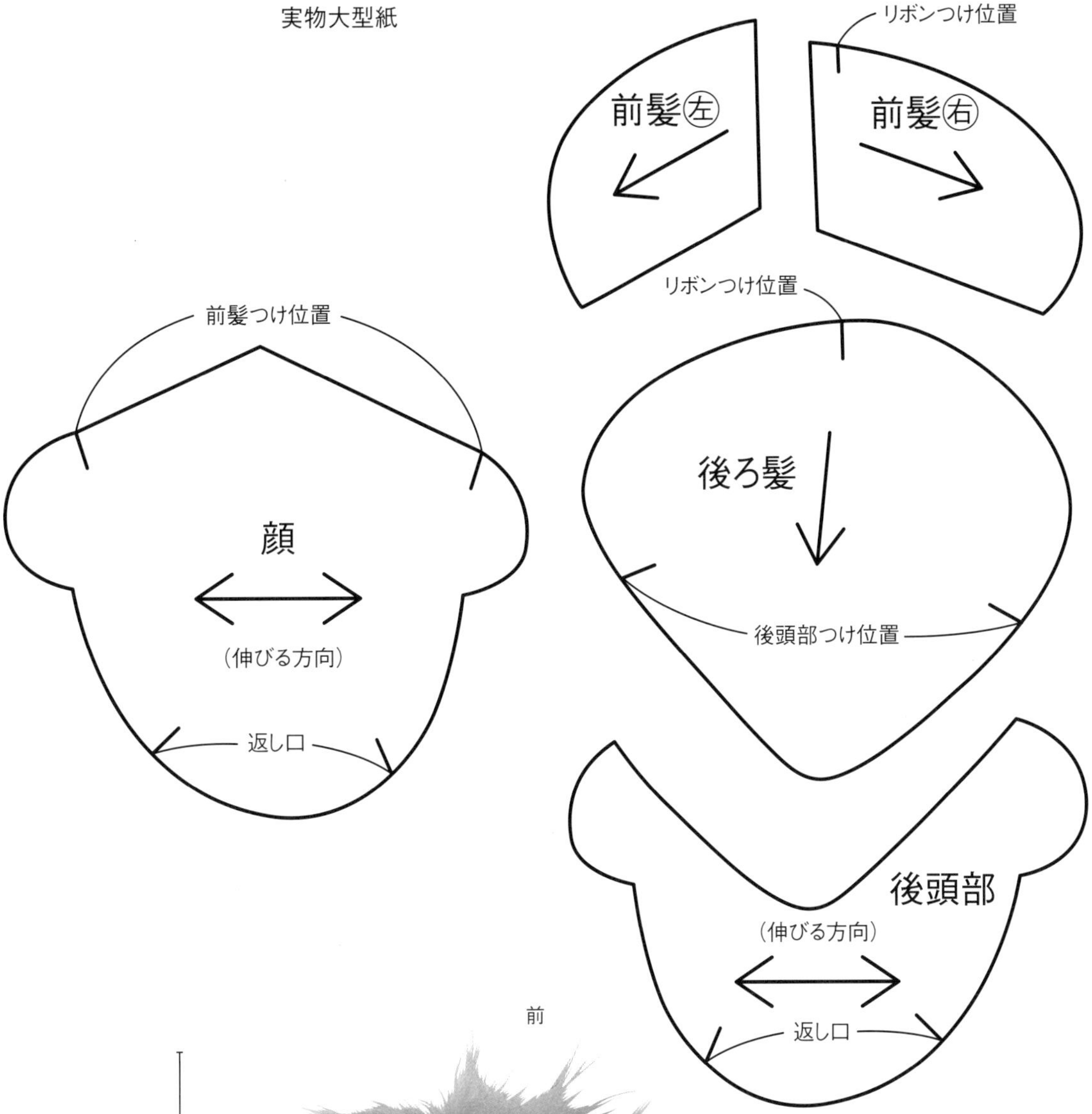
リボンつけ位置
前髪㊧
前髪㊨
リボンつけ位置
前髪つけ位置
顔
（伸びる方向）
返し口
後ろ髪
後頭部つけ位置
後頭部
（伸びる方向）
返し口

前

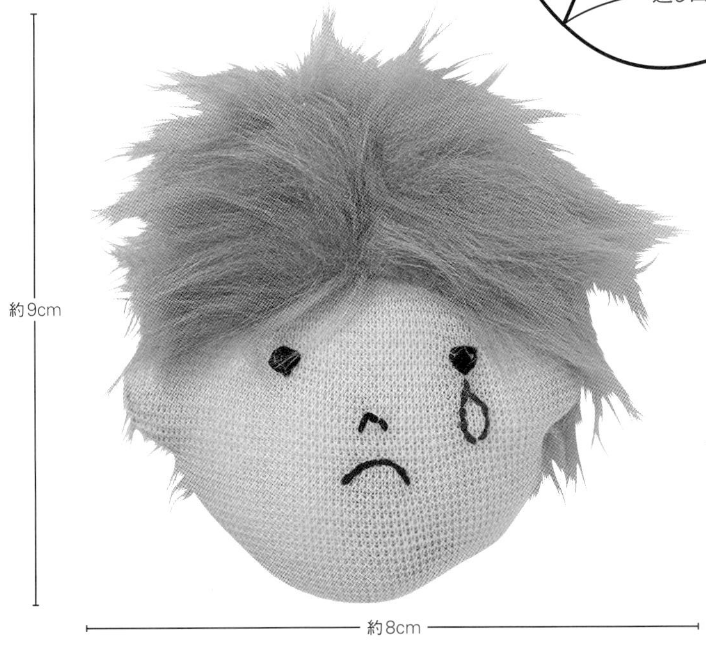
約9cm
約8cm

後ろ

p.27

秘密をにぎる犬

◎ 材料
細めのコーデュロイ…茶21×6cm
ネル…ネイビー23.5×7.5cm
リボン…好みの幅で50cm程度
25番刺しゅう糸…黒
手芸わた

◎ 顔の刺しゅう　p.37参照
目（黒）…A　鼻（黒）…C

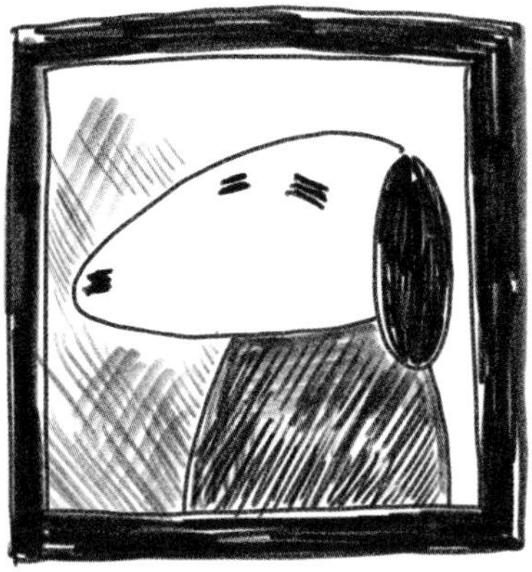

◎ 作り方

1. p.30～の「眠そうなコアラ」1～9と同様に作る。
切込みの位置は下図参照。

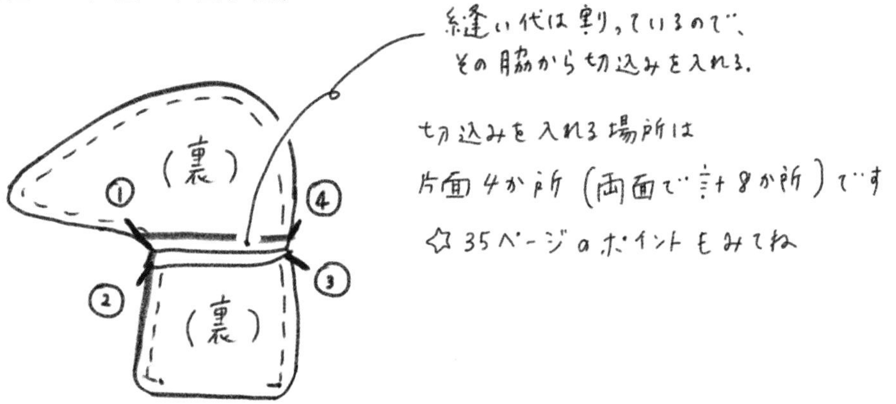

2. 耳を縫いつける（p.34のまつり縫い参照）。

3. 「眠そうなコアラ」12～16と同様に顔を刺しゅうする。

◎ 型紙の置き方例

細めのコーデュロイ（茶）

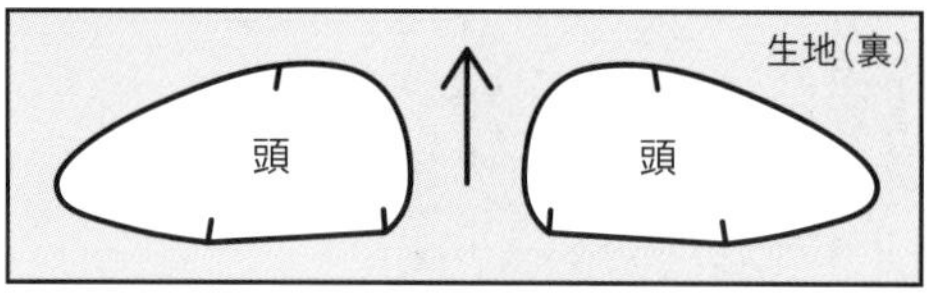

ネル（ネイビー）

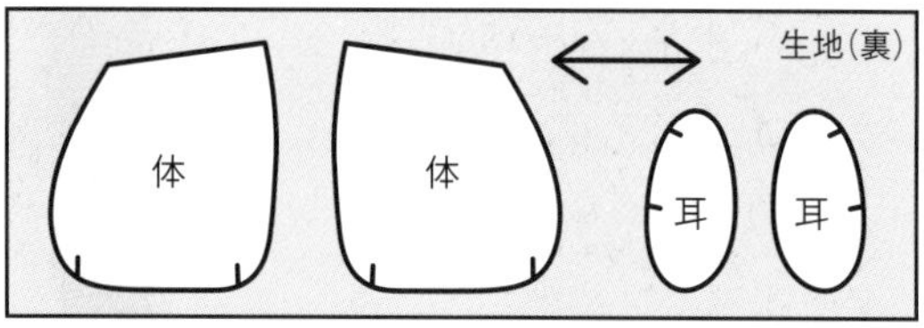

実物大型紙

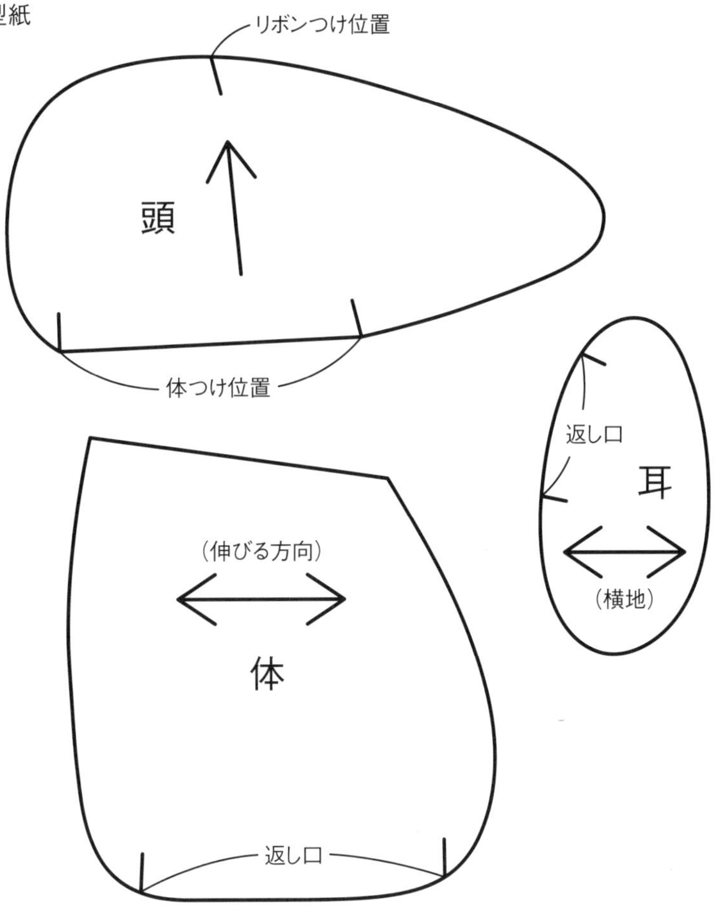
リボンつけ位置
頭
体つけ位置
返し口
耳
(横地)
(伸びる方向)
体
返し口

前

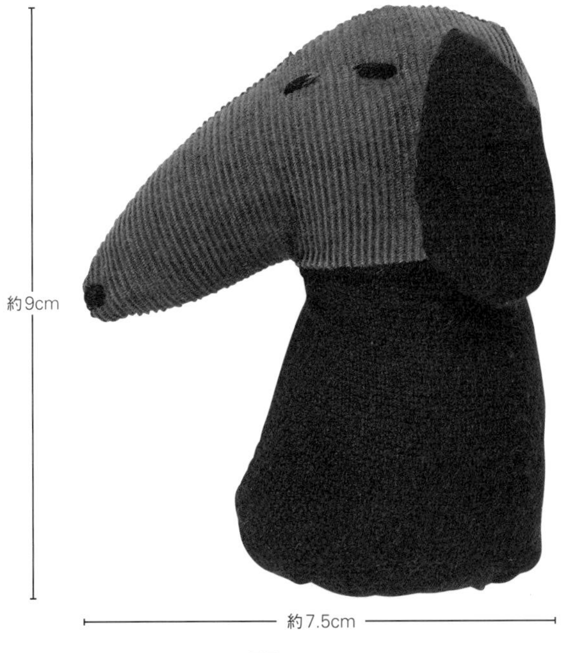
約9cm
約7.5cm

後ろ

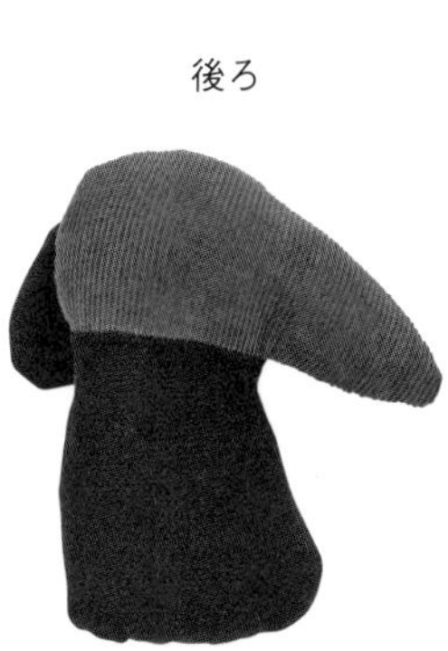

p.10

LEMONちゃん

※実物大型紙はp.78

◎ 材料

毛足約0.5cmのフェイクファー…イエロー25×10cm
リボン…好みの幅で50cm程度
25番刺しゅう糸…黒、こげ茶
手芸わた

◎ 顔の刺しゅう　p.37参照

目(黒)…A　鼻(黒)…C　口(こげ茶)…D

◎ 作り方

1. p.29を参照して本体をカットする。

2. p.30「眠そうなコアラ」4と同様に本体を中表に合わせ、リボンをはさんでしつけをする。その後、本返し縫いをして、しつけ糸を取る。

3. 片面ずつ切込みを入れる。

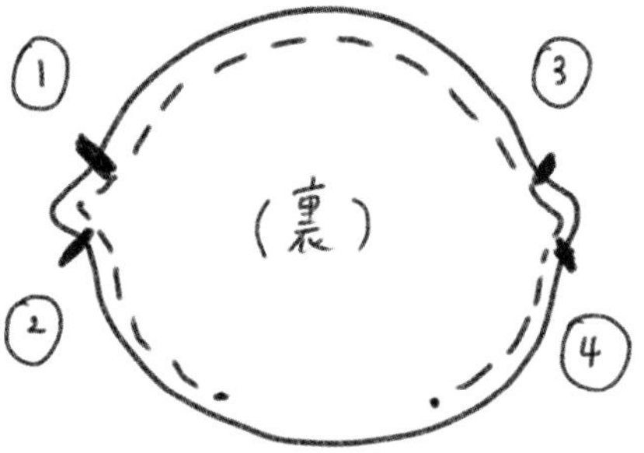

切込みを入れる場所は、
片面4か所（両面で計8か所）です
☆35ページのポイントもみてね

4. 「眠そうなコアラ」6～9、12～19と同様に作り、仕上げをする。

◎ 型紙の置き方例

フェイクファー(イエロー)

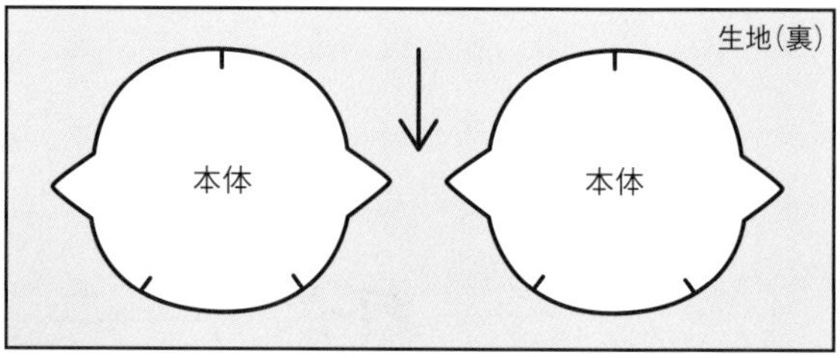

前

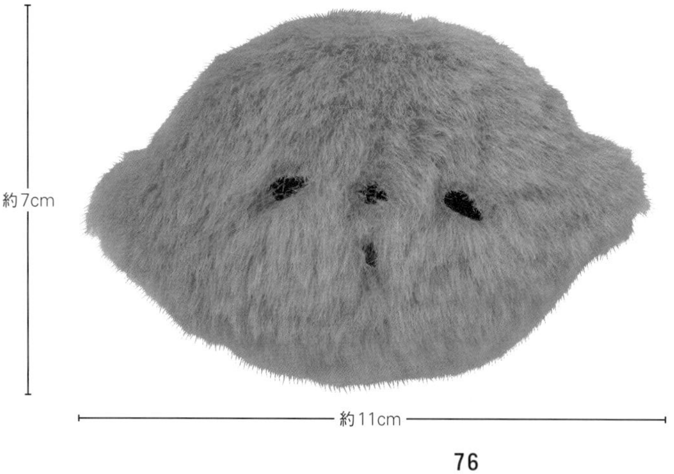

後ろ

p.11

STRAWBERRYちゃん

※実物大型紙はp.78

◎ 材料

毛足約2cmのフェイクファー…赤17×8.5cm
リボン…好みの幅で50cm程度
25番刺しゅう糸…黒、黄、ピンク、緑
手芸わた

◎ 顔の刺しゅう　p.37参照

目(黒)…B　鼻(黄)…C　口(ピンク)…C　へた(緑)

◎ 作り方

1. p.29を参照して本体をカットする。

2. p.30「眠そうなコアラ」4と同様に本体を中表に合わせ、リボンをはさんでしつけをする。その後、本返し縫いをして、しつけ糸を取る。

3. 「眠そうなコアラ」6～9、12～19と同様に作り、仕上げをする。

4. 頭の頂頭部にへたを生やしてあげる。

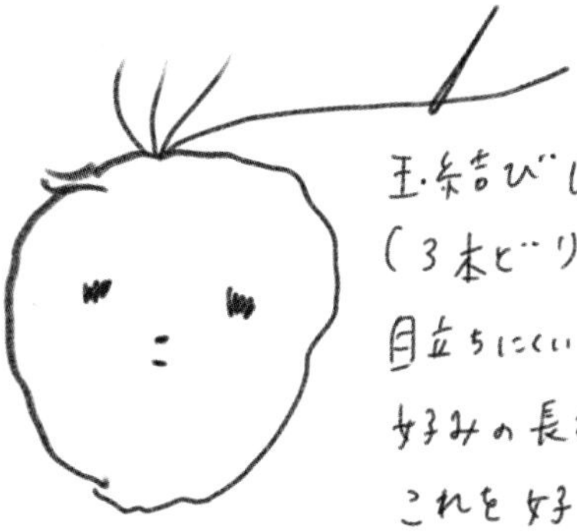

玉結びした25番刺しゅう糸
(3本どりか6本どり)を
目立ちにくいところから入れて、頭頂部に出す。
好みの長さでカットして、
これを好みの本数になるまで
繰り返す。

前

約11cm

約8cm

後ろ

◎ 型紙の置き方例

フェイクファー(赤)

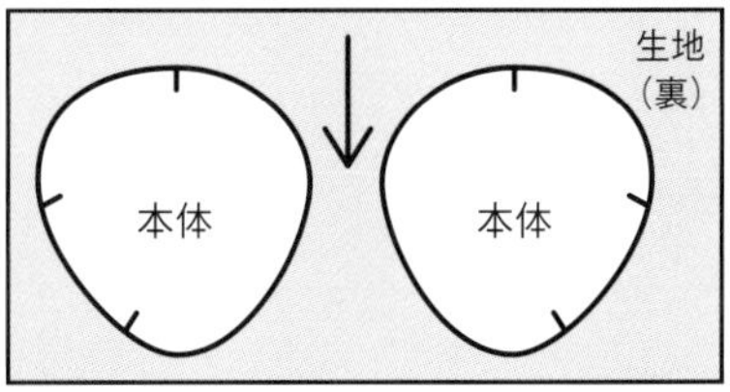

実物大型紙

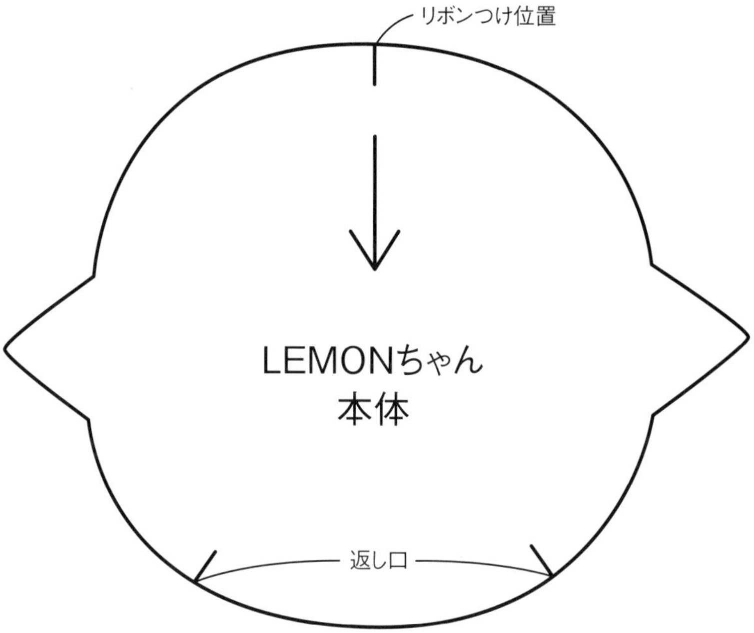
リボンつけ位置
LEMONちゃん
本体
返し口

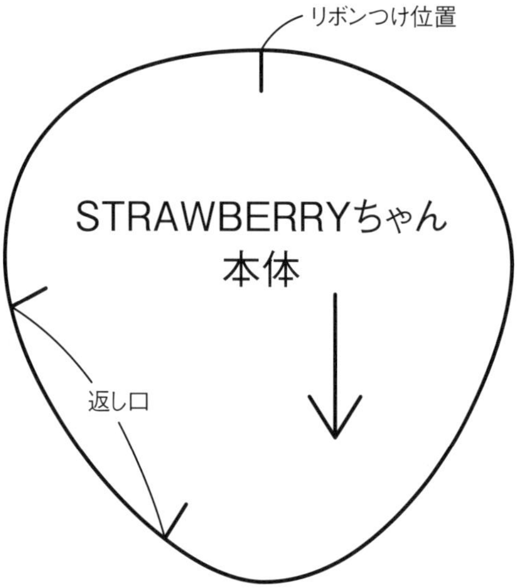
リボンつけ位置
STRAWBERRYちゃん
本体
返し口

MESSAGE

私なりにこの本の目標のようなものが最初からあって、
それは実は「写真とまったく同じものができる方法を伝える」ではありませんでした。
それは「何かを作ることや趣味に対するわくわくする気持ち、
底の方から湧き上がってくるあの懐かしい感覚を読者の方々と共有する」ということです。

未来はどうなっているかわかりません。
それを世界中が痛感した2020年が過ぎ、色々な意味で、
今流れるその時間のみに向き合う「趣味」という存在を、
改めて意識した人も多いのではないでしょうか。

私の中の趣味とは、誰と競うわけでもなく、
ただ自分のやりたいことをやりたいように、
なににとらわれることもなくやることです。
こどもがまっさらな画用紙に向かう時、ただやりたいようにやる意欲だけがそこにあります。
まさにあれです。

この本を手に取ってくださった時に、
あなたの中に、何かを作る・生み出すことに向かう気持ちが
ムクムクと湧き上がってきてくれたら、
こんなに嬉しいことはありません。

どうか頭の片隅で構いませんので覚えておいてください。
初めてさんでも、ぶきっちょさんでも、写真とまるきり同じものができなくても、
そんなことはまったく問題ではありません。
大切なのは、自分のやりたいこと（作りたいもの・表情）はどんなものなのか、
自分自身で強く、自由にイメージすることです。

そうやってあなたがこしらえた小さな縫いぐるみは、
きっとあなたやあなたの大切な人の毎日に寄り添う、特別な存在になるのではないでしょうか。

ぜひ、とびきり可愛い子をこしらえてみてください。

私自身が、やりたいことをやりたいようにやれる現在の環境に
関わってくださっているすべての方々、友人、家族に、心からの感謝を込めて。

2021年3月　そぼろ

そぼろ

1983年生れ。東京藝術大学美術学部絵画科油画専攻卒業、同大学院修了。卒業後、しばらくして「そぼろ」としての活動を開始し、2014年に著書『そぼろのおとぼけぬいぐるみ』(誠文堂新光社)を出版。その後少し休業し、2017年ごろから現在の作風になる。独自の視点で日本の「かわいい」を表現した縫いぐるみは、何ともいえない愛らしさがあり、その世界観に魅了される人多数。現在は主に、SNSやweb上で月1回、「お迎え会」という販売会を行なっている。
http://ypsoboro.com

staff

ブックデザイン__葉田いづみ
撮影__ハラダカズマサ
__安田如水〔プロセスカット〕(文化出版局)
スタイリング__荻野玲子
イラスト__そぼろ
デジタルトレース__宇野あかね(文化フォトタイプ)
校閲__向井雅子
編集__田中 薫(文化出版局)

そぼろのふわもこ縫いぐるみチャーム

2021年3月21日　第1刷発行

著　者　そぼろ
発行者　濱田勝宏
発行所　学校法人文化学園 文化出版局
〒151-8524　東京都渋谷区代々木3-22-1
電話 03-3299-2485(編集)
03-3299-2540(営業)
印刷・製本所　株式会社文化カラー印刷

文化出版局のホームページ　http://books.bunka.ac.jp/